MOVIE magazine ムービー・マガジン 1975-1989

昭和50年7月1日発行（毎月1回1日発行） 昭和50年 月 日第三種郵便物認可
MOVIE
創刊号
magazine ムービー・マガジン
シリーズ映画の喜びと悲しみ
偽処世訓——青春歌手と映画スターの間
ストーリー・オブ・ボグダノヴィッチ
新作映画批評
「オリエント急行殺人事件」
「ファントム・オブ・パラダイス」
プログラム・ピクチュアの新人監督たち
●他・松田政男・西脇英夫
大貫虎吉・江崎泰子・渋谷陽一
野村正昭・桂千穂・つくも治
7
¥150

昭和50年8月1日発行(毎月1回1日発行) 昭和50年 月 日第三種郵便物認可
創刊2号
MOVIE
magazine ムービー・マガジン
「巨匠」とは何なのか
——黒沢明「デルス・ウザーラ」を中心に
松方弘樹のきのうときょう
ロマン・ポルノの男優たち
れたロマン ポルノを求めて
好評連載・松田政男・映画日記1975
愛読者500名さまを新作試写会へご招待!
執筆者
山根貞男・合田佐和子・北川れい子
高平哲郎・野村正昭・大貫虎吉・松田政男
¥150
8

2号 1975年8月1日

昭和50年9月20日発行(毎月1回1日発行) 昭和50年 月 日第三種郵便物認可

MOVIE magazine ムービー・マガジン

阪妻映画の周辺
——戦後焼け跡の時代活劇
車寅次郎へのささやかな異議
〈夏〉の日の若大将

新連載!映画を探す絶望的な旅
連載 松田政男・映画日記1975
愛読者700名さまを新作試写会へご招待!

創刊号 ¥150

執筆者 桂千穂・高田純・黒田邦雄・小林竜雄・千露・大貫吉・松田政男

昭和50年12月20日発行(毎月1回20日発行) 昭和50年 月 日第三種郵便物認可
MOVIE
magazine ムービー・マガジン
4号
¥150
独占掲載！
川谷拓三、映画の半生を語る!!
(特別グラフ付)
田川律＝アメリカの映画館は暗闇だった
かぜ耕士＝映画の中のわが女たち
松田政男＝映画全評1975
他　井上恵司, 小林竜雄, 大貫虎吉

4号　1975年12月20日

昭和51年2月20日発行（隔月刊・偶数月20日発行）

MOVIE magazine ムービー・マガジン

5号

増ページ

¥190

特集!!

渡哲也

インタビュー

グラフ

フィルモグラフィ

特別対談！

植草甚一vs淀川長治

不死身の

鞍馬天狗アラカン

（桂千穂）

映画全評'75溯及篇

（松田政男）

不思議の国の悦ちゃん

（生嶋猛）他

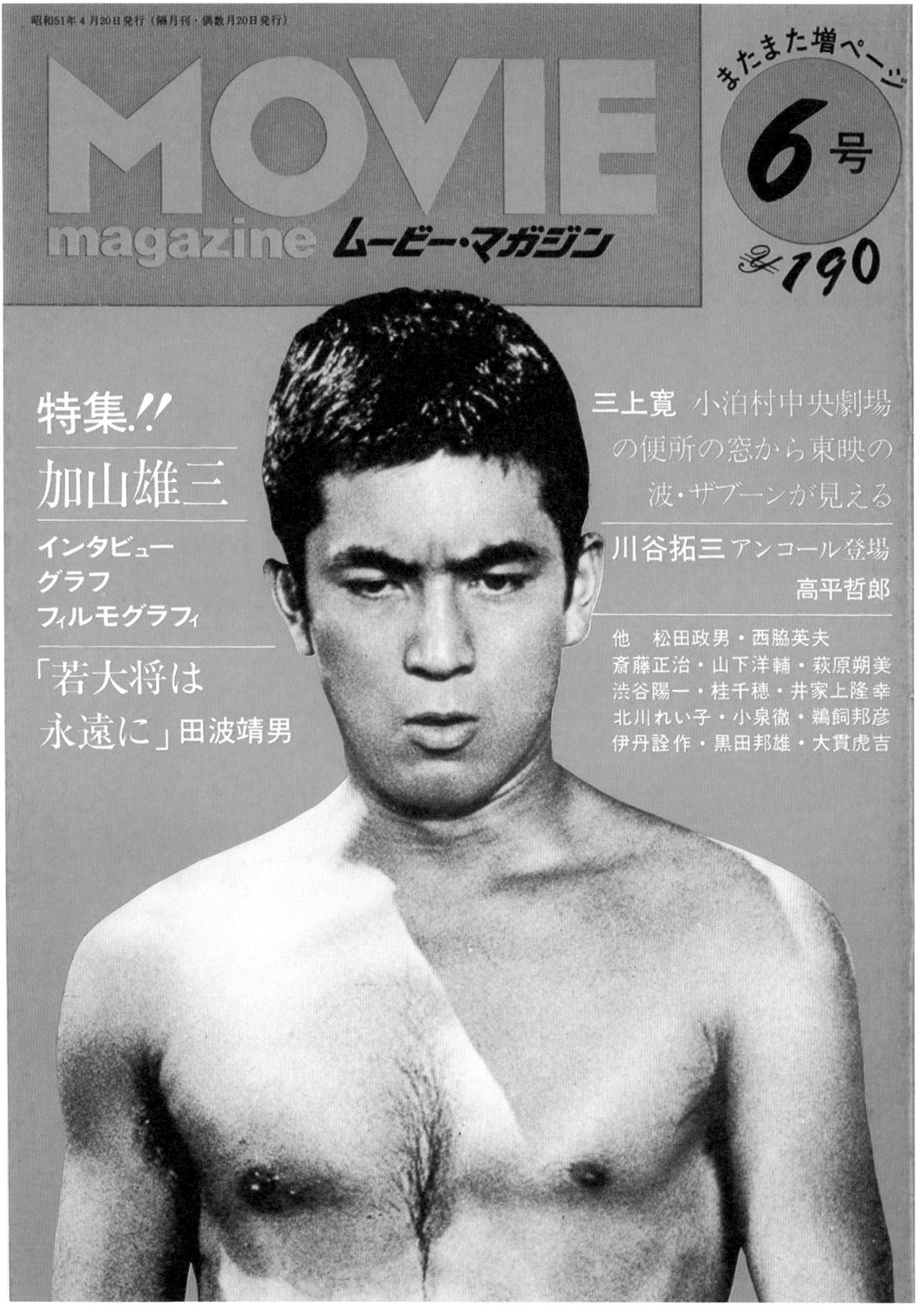
昭和51年4月20日発行（隔月刊・偶数月20日発行）
MOVIE
magazine ムービー・マガジン
またまた増ページ
6号
¥190
特集!!
加山雄三
インタビュー
グラフ
フィルモグラフィ
「若大将は永遠に」田波靖男
三上寛 小泊村中央劇場の便所の窓から東映の波・ザブーンが見える
川谷拓三 アンコール登場
高平哲郎
他 松田政男・西脇英夫
斎藤正治・山下洋輔・萩原朔美
渋谷陽一・桂千穂・井家上隆幸
北川れい子・小泉徹・鵜飼邦彦
伊丹詮作・黒田邦雄・大貫虎吉

6号　1976年4月20日

昭和51年7月20日発行（隔月刊・偶数月20日発売）

MOVIE magazine ムービー・マガジン

no.7
¥190

特集：原田芳雄 インタビュー グラフ

角川春樹氏に映画プロデュースの抱負を聞く

愛すべき女め女めたち——

日本映画脇役女優列伝 伊丹皓二

戦後焼け跡の時代活劇・片岡千恵蔵 桂千穂

他 松田政男・小田克也・小川徹・山田宏一・田川律・黒田邦雄

北川れい子・安渕聖司・秋本鉄次・伊丹詮作・大貫虎吉・伊藤勝男

MOVIE
magazine ムービー・マガジン
No.8
¥190
特集!!
田日出男
フィルモグラフィ
大林宣彦監督に聞く
新しい日本映画の波は大林映画から始まる
(秋本鉄次)
純粋!!琉球映画製作宣言
他. 松田政男・桂千穂・黒田
山根貞男・北川れい子・大貫
鍵和田幹夫・小林竜雄・他

　8号　1976年10月1日

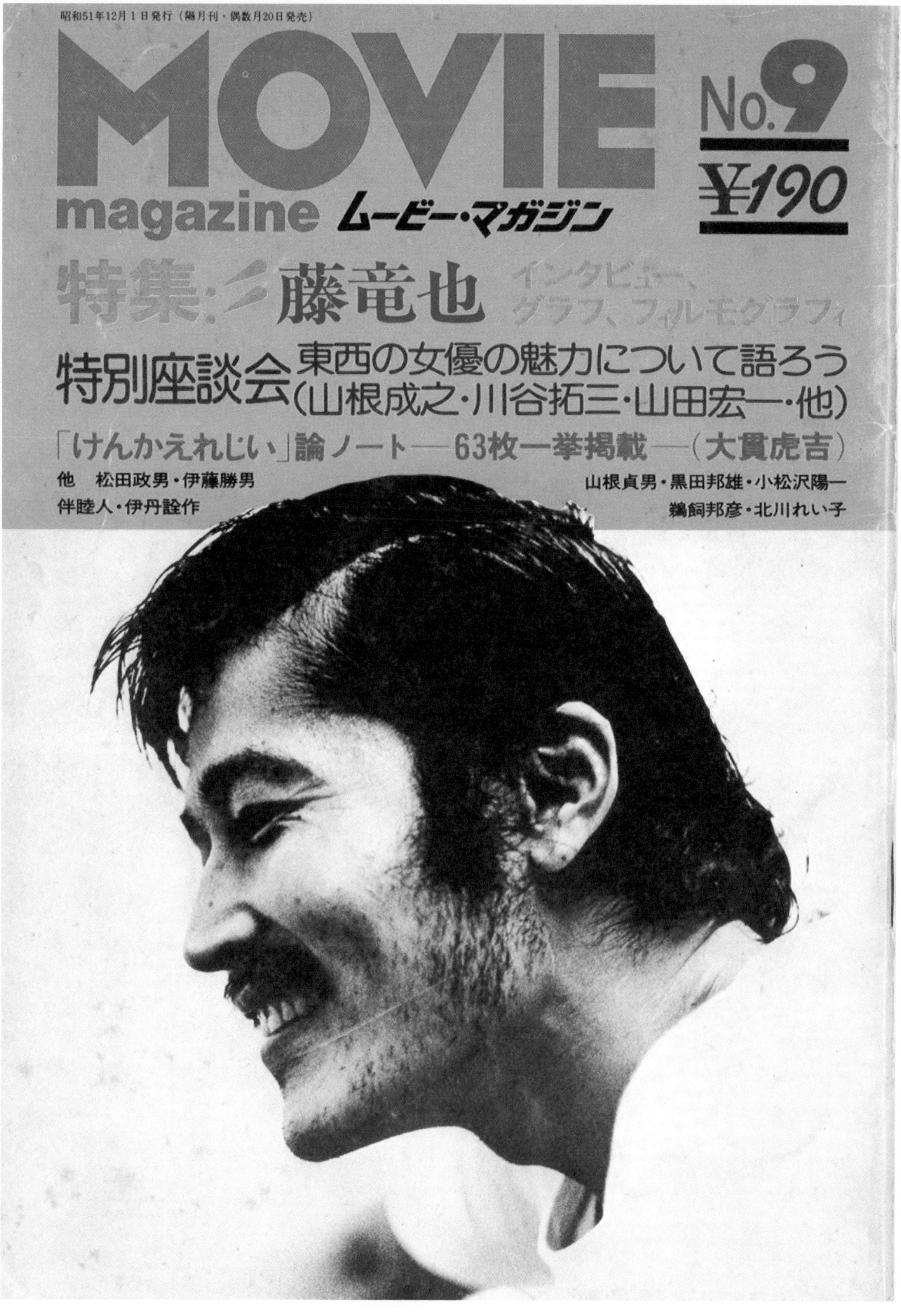
昭和51年12月1日発行（隔月刊・偶数月20日発売）
MOVIE magazine ムービー・マガジン
No.9
¥190
特集：藤竜也
インタビュー、グラフ、フィルモグラフィ
特別座談会 東西の女優の魅力について語ろう（山根成之・川谷拓三・山田宏一・他）
「けんかえれじい」論ノート——63枚一挙掲載——（大貫虎吉）
他 松田政男・伊藤勝男
伴睦人・伊丹詮作
山根貞男・黒田邦雄・小松沢陽一
鵜飼邦彦・北川れい子

9号　1976年12月1日

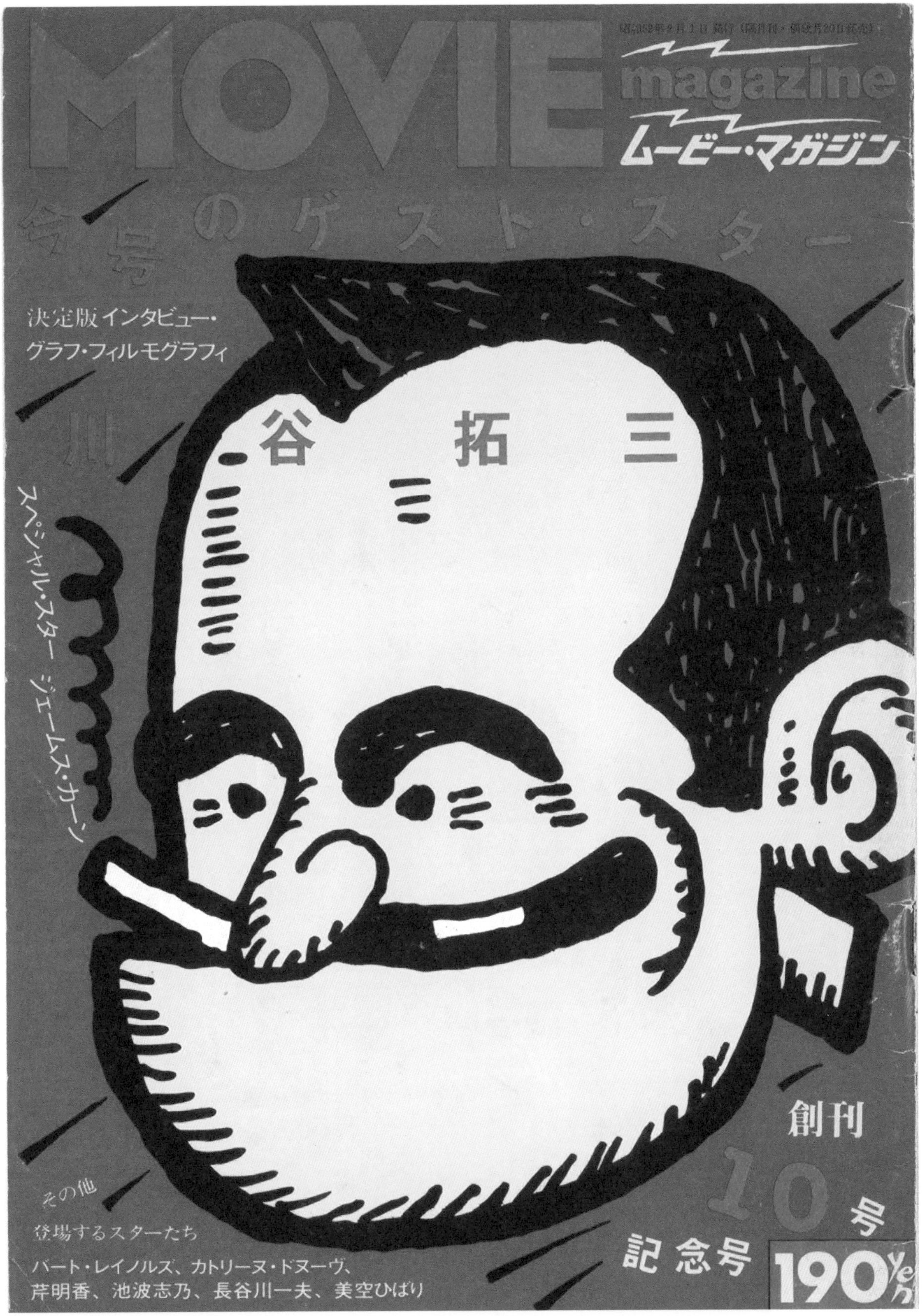
昭和52年2月1日発行（隔月刊・偶数月20日発売）
MOVIE
magazine
ムービー・マガジン
今号のゲスト・スター
決定版インタビュー・
グラフ・フィルモグラフィ
川谷拓三
スペシャル・スター ジェームス・カーン
その他
登場するスターたち
バート・レイノルズ、カトリーヌ・ドヌーヴ、
芹明香、池波志乃、長谷川一夫、美空ひばり
創刊
10号
記念号
190円

10号　1977年2月1日

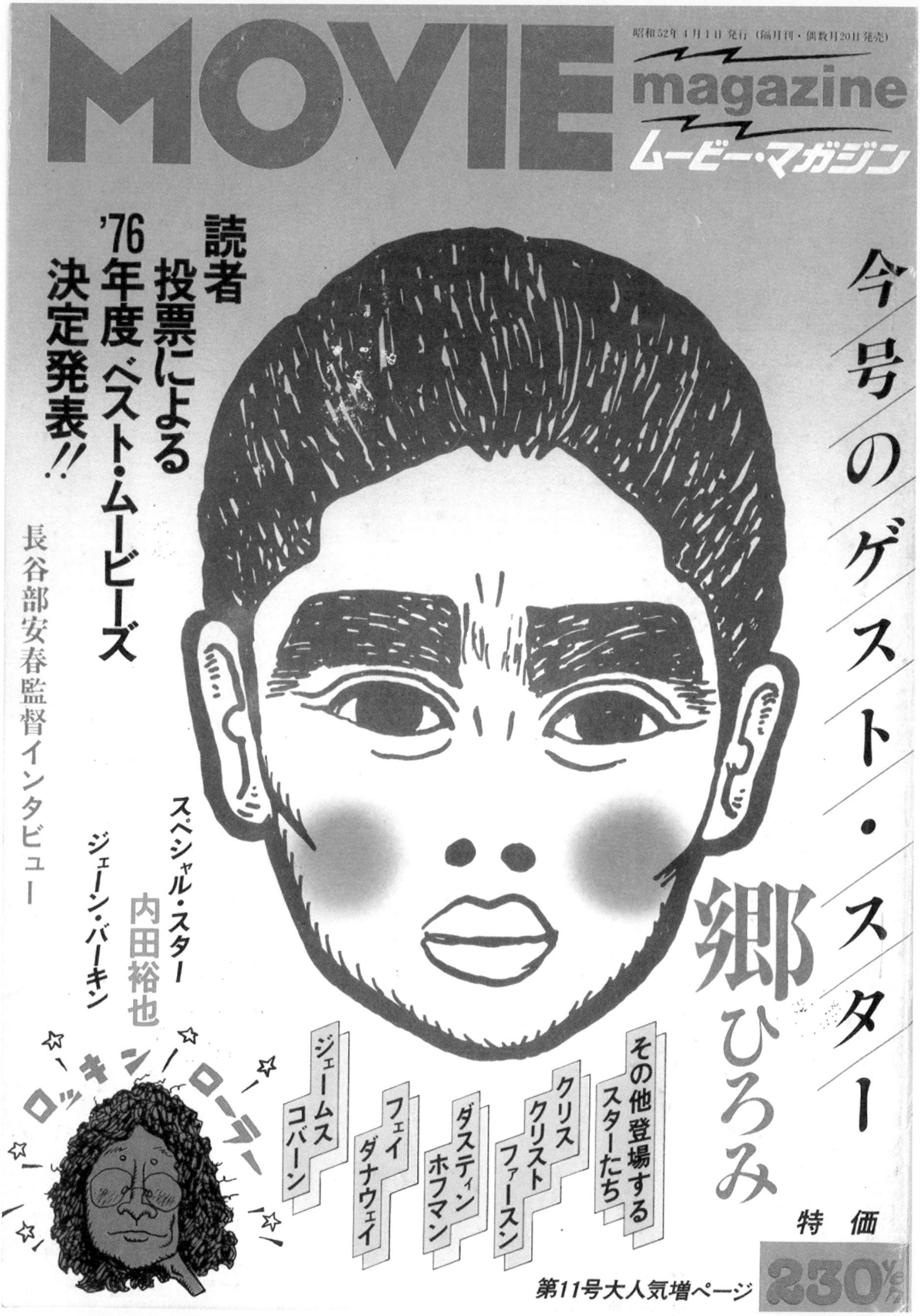
MOVIE magazine
昭和52年4月1日発行（隔月刊・偶数月20日発売）
ムービー・マガジン
読者投票による'76年度ベスト・ムービーズ決定発表!!
長谷部安春監督インタビュー
スペシャル・スター 内田裕也
ジェーン・バーキン
ロッキン・ローラー
今号のゲスト・スター
郷ひろみ
その他登場するスターたち
クリス クリストファースン
ダスティン ホフマン
フェイ ダナウェイ
ジェームス コバーン
特価 230yen
第11号大人気増ページ

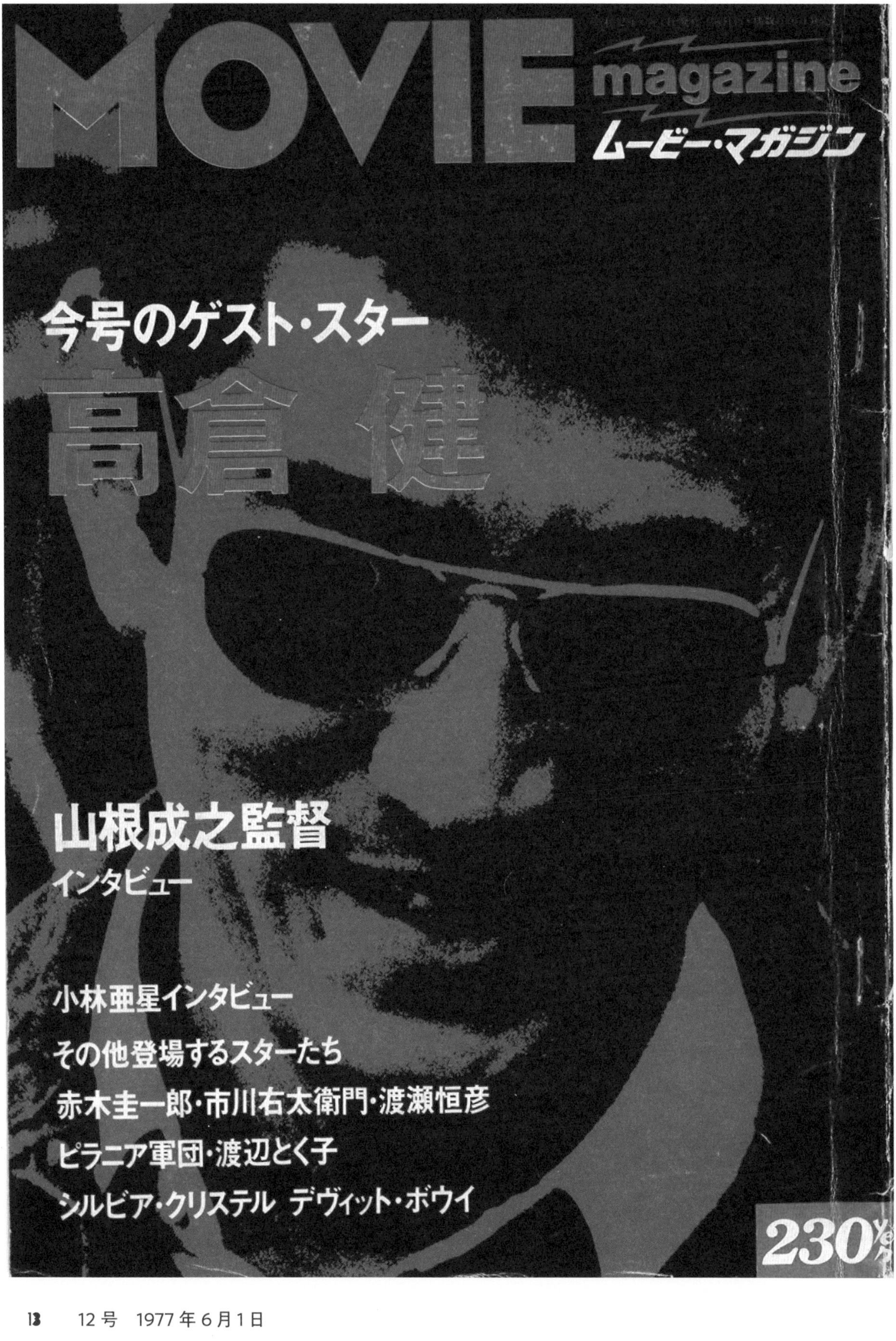
MOVIE magazine
ムービー・マガジン
今号のゲスト・スター
高倉 健
山根成之監督
インタビュー
小林亜星インタビュー
その他登場するスターたち
赤木圭一郎・市川右太衛門・渡瀬恒彦
ピラニア軍団・渡辺とく子
シルビア・クリステル デヴィット・ボウイ
230円

12号　1977年6月1日

昭和52年8月1日発行（隔月刊・偶数月26日発売）

MOVIE magazine
ムービー・マガジン

創刊2周年記念企画号

勢揃いピラニア軍団

エリオット・グールド、桜田淳子、秋吉久美子、原田美枝子他

寄稿　深作欣二・三上寛

田中邦衛

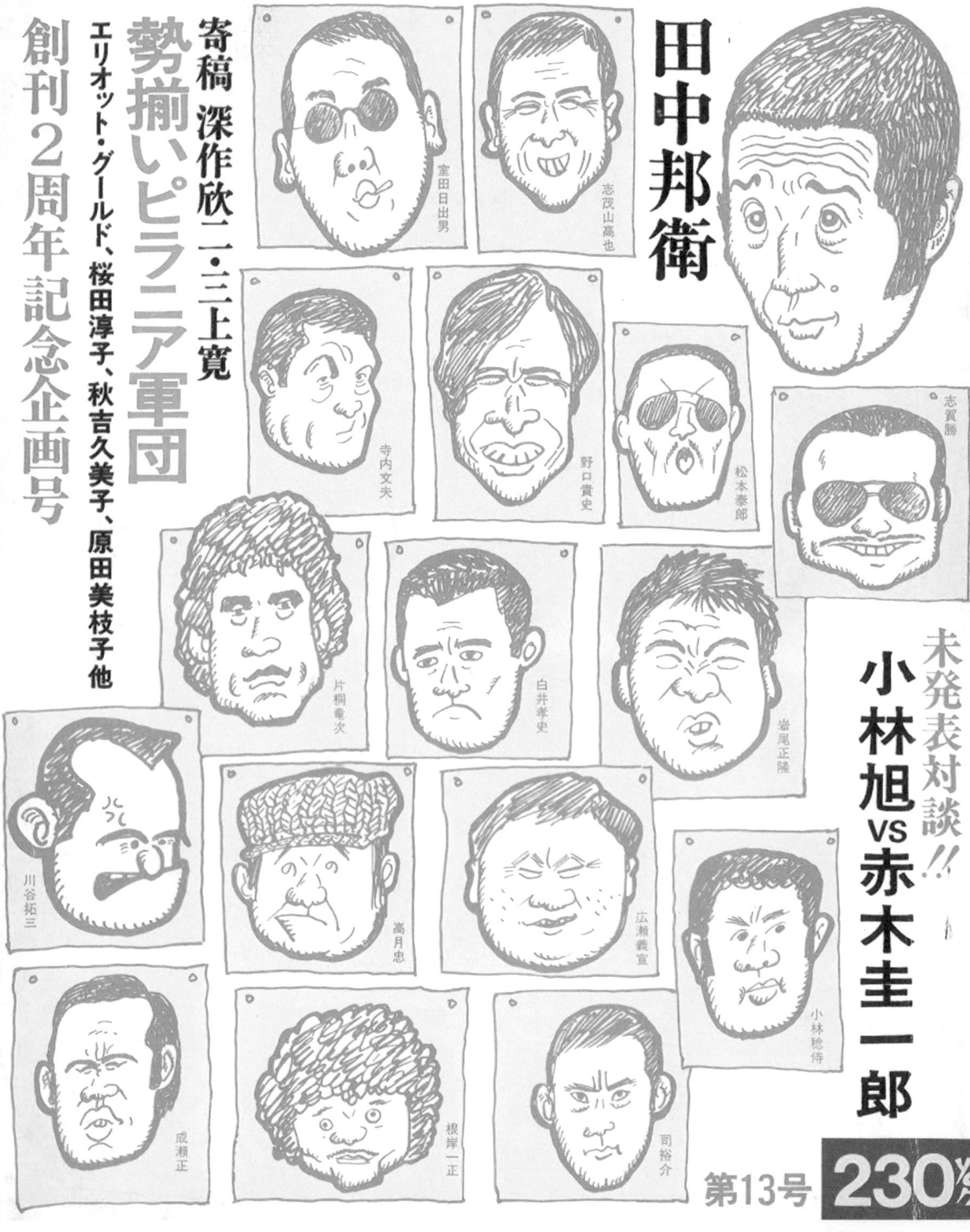

未発表対談!!

小林旭vs赤木圭一郎

第13号　230yen

15　　14号　1977年10月1日

昭和52年12月1日発行（隔月刊・偶数月26日発売）
MOVIE
magazine
ムービー・マガジン
特別企画
「時代劇の復活」
今号のゲスト・スター
ジョージ・ケネディ
清水健太郎
アンナ・カリーナ
対談
鈴木清順
VS
三谷礼二
TENMA
深作欣二監督に聞く
戦後時代映画ベストテンを選ぶ
他・論文（西脇英夫）
'77 12月
（第15号）
230円

15号　1977年12月1日

16号　1978年2月1日

隔月刊　昭和53年6月1日発行

MOVIE magazine

ムービー・マガジン

No.17（'78 6月）
¥280

成田三樹夫
インタビュー＆フィルモグラフィ＆グラフ

沖山秀子
インタビュー＆グラフ

特集批評「柳生一族の陰謀」
（松田修・山根貞男）
他、山田宏一（インタビュー）
西脇英夫・松田政男
北川れい子・田川律・・・

'77年度ベスト・ムービーズ＆アクター・アクトレス決定発表!!

19　　18号　1978年10月1日

昭和54年7月1日発行 19 '79 July

movie magazine

特集
鶴田浩二

280yen

20号　1979年9月1日

昭和55年1月1日発行 '80 January 21
movie magazine
ごひいき対面 原田美枝子 vs 山根貞男
映画人烈伝・加藤泰(下)＝関本郁夫
「旅芸人の記録」への異議申し立て＝松田修
高橋伴明を語る＝西岡琢也
西脇英夫・黒田邦雄・井家上隆幸・夏文彦
北川れい子・伊丹詮作・小田克也・松田政男
山根貞男・米沢慧・黒岩康他
松方弘樹 インタビュー＆フィルモグラフィ
280yen

23　22号　1980年5月1日

昭和55年8月1日発行 '80 August ムービーマガジン
movie magazine 23
カンヌ・レポート
「影武者」は不評だった!!
映画人㊙伝
小沢茂弘篇
富士田元彦
深尾道典論
映画デビュー20周年記念インタビュー・
フィルモクラフィ&評論
和田浩治
¥280

23号　1980年8月1日

昭和55年12月1日発行 '80 December ムービーマガジン

movie magazine 24

インタビュー&フィルモグラフィ

池部良の40年

ごひいき対面/小林麻美vs宇田川幸洋

大和屋竺の迷宮と2時間/ホスト・黒田邦雄

座談会・われらの時代の映画/山川直人・山本政志他

評論・東陽一の大いなる誤謬

定価 280

24号　1980年12月1日

昭和56年3月1日発行 '80 March

Movie Magazine 25

ムービーマガジン

1980年度決算PART I（評論家選出の部）

ベスト・ムービーズ発表

いま最も女優らしい女優が語る、女優として、女として……

倍賞 美津子

フリードキン映画は見かけほど単純ではない……その奥処に迫る

ウィリアム・フリードキン

数々の秘められた傑作の全貌、貴重な日本映画裏面史

中川 信夫

定価280円

27　26号　1982年1月1日

ムービーマガジン
Movie Mag'
No.27
新定価380円
'81年度ベスト・フィルムズ発表！
桃井かおりインタビュー
竹中労「映画街横断」
斎藤寅二郎 自叙伝(第2回)
インタビュー
●相米慎二
●淀川長治
●柳町光男

 28号 1984年2月1日

Movie Magazine

ムービーマガジン

29号　　380円

千葉真一
インタビュー
**トリュフォー・
インタビュー**

池田敏春
インタビュー
西村潔を語る
三浦友和・細野ヌンヌ子・
矢吹二朗・桂千穂

竹中労「映画街横断・3」
さようなら！"土板東映"
石井聰亙・内田栄一・大島渚・川島透・内藤誠・
中村幻児・長谷川和彦・松田優作・山根成之・
若松孝二

Matthew Modine

30号 1988年7月1日

MOVIE
MAGAZINE
スター・インテリジェントのための――
ダニエル・デイ・ルイス
マイケル・ビーン
ケビン・コスナー
ゲイリー・オールドマン
ミシェル・ファイファー
ロザンナ・アークェット
セシリア・イップ
アマンダ・ベイズ
モリー・リングウォルド
ジャン・レノ
ウィリアム・ピーターセン
ジョン・クライヤー
修建
岡本健一
31
500yen

「ムービーマガジン」をご存知ですか？

（雑誌「映画論叢」連載　2011 ~ 2021）

第1回

今は昔かもしれないけれど……

（二〇一一年十一月十五日）

どこからお話し、しましょうか？

〝回想記〟のご依頼を受けたのが、昨年の秋でしたか？

本誌［映画論叢］編集長・丹野達弥氏は丁重にも、紀伊國屋書店新宿本店裏の喫茶店で、わざわざ会って下さって、要請されたのでした。すぐにも書き始めるつもりでいたのに、ずるずる、今回まで延ばし延ばしで来まして、氏の忍耐強さに感謝したいと思います。

つい安請け合いをしたばっかりに、以後、体調を崩しています（笑）。借金とか忘恩の悪夢です。どうしよう、と恐怖に襲われて目が覚める、とまったく見たくない夢の再現です。不義理の数々をあっちこっちに重ね、ご恩を受けた方々に何一つ報いることなく、厚顔にもぺらぺら回想していいものやら、と。年間や半年間の購読料を読者から先取りしていながら、休刊して、返金していないわけで、詐欺ですよね（笑、と入れようとして、ここは憚るべきですね）。

世間を狭く生きなければいけないのに、回想には、自慢とまでいかずとも、手前ミソは避けられないわけで、それを回避して語ることは可能だろうか、と思うわけです。たぶん不可能なのでしょうが、にもかかわらず、編集長のご要請をお受けしたのは、不義理や忘恩を消すことはできないまでも、せめて、感謝やお詫びの微意くらいは書き残す必要があるのでは、と蛮勇をふるう決意を固めた次第です（大仰でしょうか？）。

勿体ぶるようで恐縮ながら、と言って、格別な、とっておきの話などは出てきそうもなく、果たして回想の価値などあるのだろうか？ 逡巡して、周囲の何人かに相談すると、家人［評論家・北川れい子氏］はむろん反対。旧知の複数の編集者は、社交辞令が混じっているかもしれないけど、それはぜひやるべきですよ、ネットで「ムービーマガジン」が高値で取引されてるんだから、と言う。エッと驚いて、ネットを見ると、確かに、当時の定価と単純比較すれば、望外の高値でして微苦笑を禁じえないですよね。

それから、今年の春の終わり頃に奥薗守著「狂気のなかにいた役者 川谷拓三伝」（映人社）が上梓されています。月刊「シナリオ」誌に連載されていたものですが、連載中だったか、連載直前だったか、同誌の大野亮編集長から、「ムービーマガジン」の旧号の提供を懇請されていました。川谷さんのインタビューその他がいくつか掲載されているからですが、高平哲郎さんによるインタビューと人選は、田辺幸雄さん撮影の写真ともども、この雑誌の命運を指し示した大恩人なのです。その評伝の口絵にも、田辺さんの写真が使用されていますが、それを眺めていて懐旧の思いに込み上げてくるものがあり、回想することを許されているように思えてきたものです。これを語っている今しも、「ムービーマガジン」の高平さんのインタビューに導かれた、とキネマ旬報最新号に記事があるよ、と教えられたところです。（10月上旬号のリレー連載、金澤誠さん「私の映画批評の姿勢」）。

どうも、冒頭の腰の引け方とは裏腹に、回想する正当性を並べているようで恐縮しますが、回想する価値を疑うという自己卑下は、寄稿して下さった方々、取材に応えて誌面を飾って下さった方々、雑誌作りの実務を担って下さった方々、映画館や書店で販売してくださった方々、そして読者の方々に失礼になりますよね。

で、手元の材料を少しずつ、整理し始めてみた。身の回りを片付け始める人は死期が近いと言われるけれど（笑）、この後も長く生きると思えばとてもじゃないけど、こっぱずかしくて、思い出など語れないでしょうよ。整理している中で、『十九歳の地図』（１９７４年製作）のパンフレットが出てきました。柳町光男監督がこちらの窮状に、編集の仕事をくれたのですが、「ムービーマガジン」の広告ページもあって、そこにこうあって肝を冷やしました。

〝映画ファンの秘めやかな熱情を刺激する記事の数々……ムービーマガジンはこれからも愛する雑誌であり続けます〟と。

愛する雑誌であり続けます、なんて主体が不明の迷文で、売らんかなの宣伝コピーとはいえ、今の私ならとてもこうは言えない。若かったんですねえ（笑）。

私の編集発行人デビューは中学２〜３年（１９５８〜59年）です。「雷蔵新聞」という、画用紙に鉛筆書きで市川雷蔵（１９３１〜69年）の出演映画の感想を記したもので、発行部数は１〜２部。現物が失われて、これだけは残念でいるのですが、コピー機とかパソコンとかない時代の手書きですから、部数は望めません。読者は私を別にすれば、向かいの家の3歳年下の女の子だけ。子分みたいにして無理やり読ませていた（笑）。

今でこそ、雷蔵は神格化されているけど、当時は中村錦之助（萬屋錦之介）や東千代之介の人気の後塵を拝して、マイナーだった。というより客層の年齢が高かったはずです（あッ、やっぱり自慢話になってます?）。錦之助（１９３２〜97）は大天才だと今でも確信してるし、千代之介（１９２６〜２０００）の親しみ深さは懐かしく、葬儀にも行きましたが、この時点で、もう私の後年（の苦難）のレールが敷かれていたとも言えるようです。

「ムービーマガジン」創刊号は奥付で、昭和50（１９７５）年7月1日になっています。ええ。編集発行人として私の名前など記していません。それにはワケがあります。

第2回 「観覧車」から「ムービーマガジン」へ

（二〇一二年三月十五日）

「ぴあ」が去年、休刊しましたね。感慨があります。愛読者だったのではなくて、対抗誌（というに当たらない?）を出していたのです。信じていただけそうもありませんが、ほんとなんです（笑）。

対抗誌というと「シティロード」を思い浮かべる方もいるかもしれませんが、もう、どなたもご存じないでしょうけど、誌名は「観覧車」です。〝観覧車〟にメリーゴーランドとルビを振るべきだと主張したのは、たった一人のスタッフ、北風哲君と記憶しています。アートシアター（ＡＴＧ）日劇文化の支配人のキャリアを持つ、西久保一夫さんの紹介だったはずです。キネ旬の「読者の映画評」欄の常連投稿者ということでした。

西久保さんとはどういうきっかけでご面識が出来たか、まるで記憶にないです。大塚の空き部屋を知り合い（すみません、お名前を失念）のご厚意で低家賃で借り、「観覧車」の事務所にしていました。備品も揃えられない、机二つに椅子がある程度の、がらんとした事務所でしたが、そこへ西久保さんがお見えになって、冗談のような本気のような調子で、「どうです、私を雇いませんか？」とおっしゃったのは記憶しています。

　西久保さんはスマートな紳士で、日劇文化劇場は旧日劇の地下にありましたが、ＡＴＧ系の上映館といっても東宝の小屋［映画館］ですから、東宝社員で、もう定年退職しておられたでしょう。「私が年長だからといって、遠慮なさることはないのですよ」とおっしゃって下さるんですが、遠慮も何も、雇うというのは何がしかの給与を払うことですから、とてもできることではない。丁重にご辞退したのですが、日を変えて、私は電話で西久保さんに、「観覧車」に出資しないですか（ありていに言えば無心！）と持ちかけています。その時の、西久保さんの断りのご返事の言葉は今でもよく覚えていますが、ここに再現したくないですね、落ち込むので（笑）。

　西久保さんとはそれきり、途絶えましたが、氏は後に「月刊ミュージカル」を創刊（83年）なさるのです。書店で手に取って、氏の志を知ったのですが、同誌は（今ネットで検索したところ）昨年から隔月刊に移行しているらしく、発行人名もお嬢さんかお孫さん、のお名前のようですね。お偉いなあと素朴に敬意を払いたいです。自分と比べるのも恐れ多いけれど、雑誌を継続させるべく、経営を考えるという現実感覚は私には当初から欠如していたものなのです。同様のことは「ぴあ」にも「ロッキング・オン」にも「ミュージック・マガジン」（当初は「ニューミュージック・マガジン」）にも言えることなのです。例に出すのも、おこがましいですけれどね。

　話がそれるようですが、中村とうようさんが昨年［２０１１年］亡くなりましたよね。面識は全くなかったのですが、氏の編集長で始まった「ニューミュージック・マガジン」（69年創刊）のもう一つの顔だった田川律《ただす》さん（現・音楽評論家）や、経営を切り回していた発行者、飯塚晃東さんは存じ上げていました。のちに田川さんは同誌から外れることになりますが（とうよう氏と田川氏という〝双頭〟の難しさなどがあったのですかね？）、氏には後々、「ムービーマガジン」にも寄稿していただくことになります。晃東はどう読むのか、昔も今も知らないのですが、蝸牛社という、お能の観世榮夫《ひでお》さんや劇作家の福田善之さん、作曲家の林光さん、斎藤憐たちを擁するマネジメント会社をやっておられた。渋谷桜ケ丘のビルの小さな構えの事務所だったのですが、そこが、月刊誌という、いうなればバクチに手を出すわけですよね。斎藤憐も昨年亡くなってしまいましたが、彼が、雑誌をやろうとする私をこう、諌めたものです。「飯塚氏は、雑誌をやるために西武からプロジェクトの仕事を取ってきて、その利益で雑誌を発行する、お前にそういう後ろ盾はあるのか」と。全く、ない（笑）。いや笑い事じゃないんだけど、私の無謀を見かねた憐の助言もあらばこそ、やりたい一念で突っ走るわけです。

　でも、不安がなかったわけではなく、「ロッキング・オン」（72年創刊）の渋谷陽一さんにも雑誌の苦労をお伺いしています。全くご面識もなかったのですが、同誌に電話をしたら会って下さった。「ロッキング・オン」もまた後ろ盾がなく始められた雑誌ですよね。私はロックは全く不案内なんですが、プロの視点ではない、ファンの視点で、どこかたどたどしく書かれている誌面の文章に新鮮なものを覚えていて、自分の考える雑誌のモデルの一つでした。お目にかかったのは、「観覧車」のあと「ムービーマガジン」で再起（！）を図ろうとする頃だったのかもしれません。

　渋谷さんは高田馬場の喫茶店で気軽に会ってくれました。こんなこと書いていいかどうか迷いますが、印刷屋の支払いに窮し、同棲していた女の貯金通帳からこっそり金を引き出して女と大喧嘩になった苦難の頃も話して下さった。

「観覧車」バックナンバーの一部

誕生号／1973年11月
・内容▼「映画と不良少年」増村保造▼「日本人はオペラ好き」原田茂生▼「栄えて亡びるか？マハゴニイの町」報告 林光／「わが町神楽坂」城戸禮／「明けて悔悟のしおれ花」中川梨絵／「最近つきあった本から」串田孫一　他

3月満帆号／1974年3月
・内容▼「なぜ名画座が少ないのだろう」伊藤勝男▼「春は遠い」川本三郎▼原田真人のホットなアメリカ便り▼「囚われの女たち」池辺徹▼「おかしな一人」吉田真由美▼「日本B級映画祭」のお知らせ　他

12月躍進号／1973年12月
・内容▼「パリの名画座と映画ファン気質」山田宏一▼「広がる〝マイナー・スペース・チェーン〟」龍田浩介▼「古風であることは悪徳か？」池辺徹▼「そこには確かに音楽があった！」田川律▼「土着について」林光▼自作を自演　東郷健　他

5月漂流号／1974年5月
・内容▼「失われた時を求めて」川本三郎▼「抽象絵画で絵巻物を書くと、どうなるか？」池辺徹▼「エクソシズム観戦記」原田真人▼名画探検「殺人狂時代　グロテスクなおかしさ」野村正昭▼「〈翻訳劇〉とはなにか」秋吉信夫　他

2月快走号／1974年2月
・内容▼「古典映画のたのしみ」佐藤忠男▼愛川欽也インタビュー▼『大樹のうた』待望久しいインド映画の訪れ　清水晶▼「仁義なき戦い」東由多加▼「ものとかたち　風俗と論理『大島渚の世界』評」平松克美　他

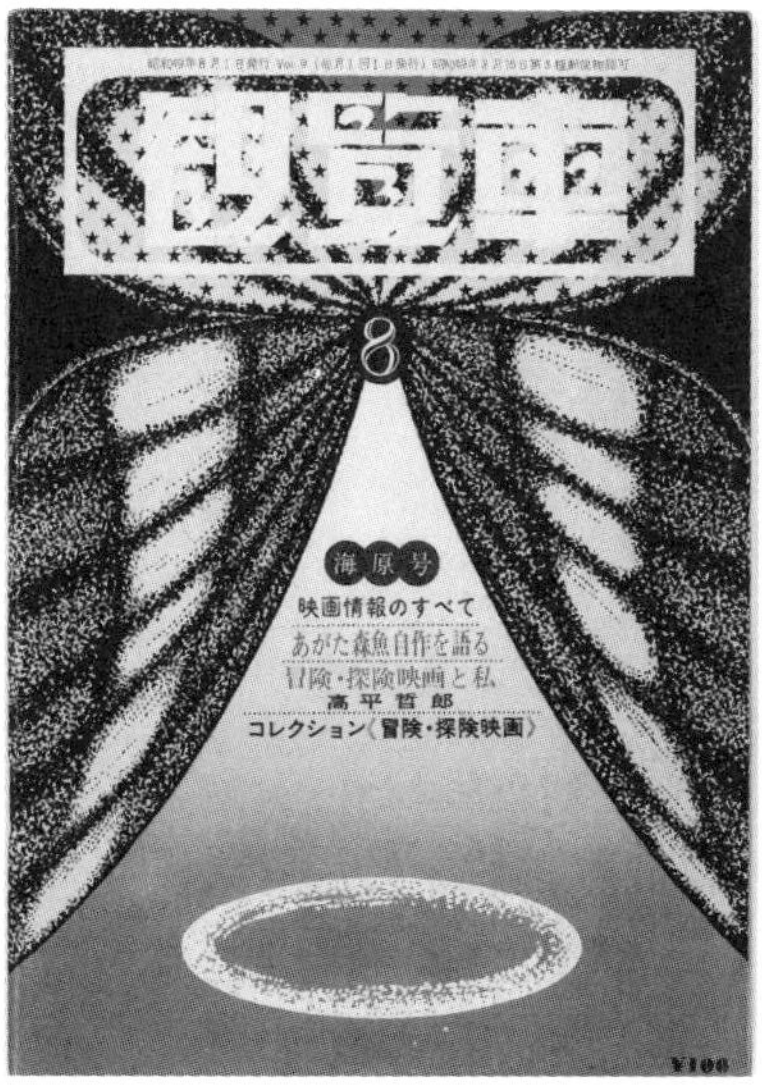

8月海原号／1974年8月
・内容▼「映画のなかの〝親友〟たち」品田雄吉▼「旧きを尋ねて新しきを…」田川律▼「冒険・探検映画とわたし」高平哲郎▼あがた森魚自作を語る「ぼくは青春歌謡映画を作った」▼「ハリー・パーマが子連れ狼になる時」原田真人　他

胸を打たれましたね（笑）。雑誌をやるには色悪も演じる覚悟がいるんだと言外に教わったと思うのですが、でも渋谷さんはある種の男前でしたから、色悪も勤まったでしょうが、わたしじゃねえ（笑）。むろん、女をだます（！）だけでは雑誌は続かないわけで、「ロッキング・オン」はその後、総合カルチャー誌「CUT」も発行するわけで、健全な経営手腕あったればこそですよね。

類似（と言っていいかどうか）の後発ロック誌「DOLL'S」も名古屋から発行されていましたね。情報誌では、「シティロード」の前身「コンサートガイド」が「ぴあ」（72年創刊）に先行して発行されていたんではないですか。大阪では小型の情報誌［「プレイガイドジャーナル」（71年〜87年）］が東京より早かったように思います。

「ローリングストーン」誌に倣った「ワンダーランド」（のち「宝島」に変更）が73年の創刊、短命に終わった「ローリングストーン」日本版が少し遅れて同年創刊。「ワンダーランド」は植草甚一（評論家）を編集長にしていましたが、当初の実質的な編集は津野海太郎さん（現・評論家、大学教授）が仕切っていたはずです。同誌の当初の発行元、晶文社の編集長格だった人で、新劇の演出を手掛けた時期もある多才なかたですが、「観覧車」を私が始めると、「映画が好きだったんだぁ」と不思議そうに聞かれたのを懐かしく思い出します。「ワンダーランド」↓「宝島」の津野さんの仕事を引き継いだのが高平哲郎さんで、高平さんには言葉にならないくらい、「ムービーマガジン」の大恩人ということは前回少し触れました。

あれこれ雑誌名を挙げたのは、60年代末から70年代初めは、いわゆるサブカルが正当な評価を求めて紙媒体が活発だった時代と言えそうだからです。情報総体もまた、立派なサブカルチャーだったのです。映画誌として「ムービーマガジン」とは格違いで、引き合いにするのは憚られるところですが「季刊フィルム」が68年創刊（〜72年）、松田政男さんを編集長とする「映画批評」（70年〜73年）や波多野哲朗さんたちがお始めになった「シネマ69（〜71）」の活況がありましたし、さらに関係妄想的になりますが、江藤淳、高階秀爾、遠山一行、古山高麗雄たちの芸術横断的な「季刊藝術」が68年に創刊されています。

そういう何らかの時代の文化的連なりに、「観覧車」「ムービーマガジン」も位置づけられるのでは？　というと手前味噌になりますか（笑）。でも、なにがしか、あおられるものがあったのではないか、と。

「ぴあ」はB5版でしたが、「観覧車」はA5判でした。「ぴあ」の創刊に「観覧車」創刊は1年も遅れていないはずです。それらが手元に残っておらず、明確に言えないとは情けない。残部は未練たらしく、ストックしていて、ひと頃まで手近にあったのですが、もう見かけなくなりました（笑）。家中をくまなく探せば、1冊くらいは出てくるかもしれないけど。

情報だけではなく、本数は少ないながらエッセイ、評論もありました。故・三谷禮二さん（オペラ演出家）と音楽学者（お名前をこれまた失念、すみません）の対談を、目黒の三谷邸で行い、後でテープを起こそうとしたら入っておらず、再度、対談して下さった思い出など、今もって胃が痛んできます。

サブやメインの別なく、さまざまな芸術表現を公平な価値観のもとで受容したい、というのが今もって私の思い描く理想像なのですが、そんな理想を秘めた（！）「観覧車」は2年続いたか、どうか。

その敗北した〝前科〟を隠すべく「ムービーマガジン」創刊号の奥付には発行者名を記さなかった、記せなかったのです。ここでやっと前回の最後部分にたどり着きました。

第3回
「ムービーマガジン」に、さ迷って……
（二〇一二年七月十五日）

回想の機会を設けていただいて、これで3回目なのですが、ぜひ記しておかねば、というようなことが、実はないのでは、と思い始めています。

記憶力の弱い人は自伝が書きやすいはず、と[アルトゥル・]シュニッツラーだかが、言ってましたかね（「ウィーンの青春―ある自伝的回想」の中？）。むろん彼は、皮肉を言ってるわけです。つまり、記憶力の強い人は事実の確認、整合性などに責任感を持つから、書くのに手間取るだろけれど、記憶力のない人は、極端な話、フィクションを書けばいいから、楽だ、という意味なんでしょう（笑）。

引合いにするのもおこがましく、もとより拙文は自伝なんてシロモノを目指す資格も面目もないのですが、記憶力の弱さには自信があるものの、フィクション能力となるとさらに、さらに弱い。思い出の〝総体〟はあるんです。が、エピソードというディテールの記憶が失われている、のかもしれないです。

「ムービーマガジン」の後半は編集・発行のつらさがひたすら重くのしかかって、それが回想力を阻害しているのか？　当初の前向きだった情熱や幸福だったかもしれない気持ち、それに連なるハッピー・エピソードなどさえ忘却させてしまっていることは考えられます。いわゆる〝抑圧〟がかかってるんでしょう（笑）。〝抑圧〟の要因は、セラピーにかかるまでもなく、自分ですぐ分析できます（笑）。そのことになるべく近づくまいとして、まだプロローグあたりで、もたもたし、編集長をうんざりさせているでしょう。

すみません、今回もそんな始まりです。

ウチの固定電話のすぐ横に、名簿フォルダーだの知友の住所録だの、雑多なファイルが並ぶ端っこのほうに、地方・小出版流通センターのファイル、それと定期購読者ファイルが、あります、いまなおむろん、「ムービーマガジン」時代のものです。廃棄するのは簡単かもしれないのに、後者は特に、おいそれと処分しては罰が当たりそうで……。

地方・小出版流通センター、略称〝地方・小〟のファイルは、納品、返品、支払い明細の伝票で、そこに記された、ささやかな数字、額面に、万感がこもっているように思え、眺めていると恥ずかしながら、込み上げてくるものがあります（笑）。この〈笑〉は涙隠しです。

〝地方・小〟のアンテナ・ショップ「書肆アクセス」が何年か前に閉じた時点（07年11月）で、もうツブれたんだろうと軽く思い込んでいたんですが、念の為、ネットを検索すると、大健在！ [07年11月閉店] 川上賢一氏も代表者のままですね。

失礼ながら、驚きました。さらに、いろんな大小コミュニティーのミニコミ誌など、いわば底辺（各位に失礼！）の刊行物を扱った解放区ともいうべき新宿「模索舎」（新宿御苑の新宿門にほど近い）も、ツブれてる、と思い込んでいたけど、これまたネットで健在を知って感激しました。下北沢の古書店兼、刊行物の解放区「幻游社」は前に、同駅南口の緩やかな坂道を下りながら往時を思い出し、ツブれたんだなあと思っていましたが、これも念の為、ネットを確認すると、同じ場所で健在！　そんなはずない、ネットの情報が古いのでは、と思いながら、電話をすると、間違いなく健在！　自分の思い込みが先走って、店を見落としたか、定休日で見過ごしたということもあり得ますが、自分が失敗したから、よそサマも失敗していると（笑）、人サマを過小評価してしまうようです。暗いです、ハイ。［２０１２年閉業］

　それにしても、ネットって便利ですねえ。彼らの健在は望外の歓びで、それを知るにつけ、やりよう次第では、細々とであれ、「ムービーマガジン」の継続は絶対不可能とはいえなかった、と思えてきますよね。

　時よ、37年前に戻ってくれ！

なんて、芝居がかって、バカか、オマエっ（笑）。ただ、確かなことは、70年代のそういった、何か渇望する気運や、アンチな気概に「ムービーマガジン」もまた後押しされていたんですね。

　今だったら、どこの馬の骨ともしれない者が発行した雑誌を、飛び込みで、書店が扱ってくれるとは思えないですが、どうなんでしょうか？　映画館は、置いてくれそうなところもありますね。でも、私が書店員や映画館のスタッフだったら、門前払いします（笑）。「映画論叢」は内容も高いし、国書刊行会が控えてますから、そんな扱いは受けないでしょうけれど。

　だって面倒ですよ。リトルマガジン、ミニコミを一誌預かり、出し入れの伝票を起こし、支払って、手にする販売手数料は煩わしさに見合うものではないでしょ？

　だから、当時はさほど痛切に思わなかったけれど、今思うと、みんな、みんな、有り難いことだったのです。預かってやろうじゃないか、といった余裕と言うか、優しさ、思いやり（とわざわざ言うまでもないような）、そんな時代だったと思います。

　前に記した「シネマ69」誌も、波多野哲朗さんの回想をネットで以前読みましたが、車に雑誌を載せて配本するわけで、紀伊國屋もどこそこも快く置いてくれたと語っておられましたよね。時代の温かさを思います。雑誌も本も、実は、発行することより、書店や映画館や、その他、置いてくれる場所、つまり読者の手に渡るまでが大変なんですね。〝地方・小〟は従来の大手頼りだった販売手法に風穴を開けたのです。

　「本の雑誌風雲録」（目黒考二著、本の雑誌社85年刊）に、前に配本を手伝ってくれていた人と、配本中にばったり再会し、まだそんなことしてるのか、と言われ落ち込んだとあったと記憶しますが、身につまされました（笑）。

　むろん、いま同誌は立派になり、とっくに大手取次を通していますが。この〝風雲録〟のように、晴れ晴れと回想が書けるのが望ましいんですけどね。そこが勝ち組と負け組の、どうあっても越えられない大河でして。

　そういえば、同誌の編集後記に、「ムービーマガジン」のように、出したいときに出すっていうのが雑誌の理想かも、っていうようなことを書かれた記憶があります。こそばゆかったです。やむを得ず、そうなっていたわけで、定期刊行物が定期で出ないのは命取りなんですね。

　配本のつらさから、他人の口車に乗って、余計な回り道をし、「ムービーマガジン」崩壊の予兆を呼び込んでもいますが、これは後で話すこともあるかもしれません。

　もう一つの、「定期購読者」ファイルですが、Ｂ６サイズの用紙に一人ずつ、直接購読を申し込んできた人の、個々の事情を書きこんだものです。名前、住所、電話、入金日、入金方法（現金、現金書留、小為替、銀行振込、郵便振替、切手）、その金額、送るべき号数、釣り、不足額、バックナンバー（の希望号数）、その送料、備考、と細かくマス目が施されています。数えると97人で、圧倒的人数というものではないですが（笑）、神様のような方々です。

　「ムービーマガジン」は関東の限られたところでしか、直接的入手はできないわけで、定期購読者の97人は全国に散らばっているわけです。代金に相当する号数まで送れなかった方々も含まれており、また後半には言うも恥ずかしいけれど、定期購読者に送る送料もなく、配本の後、わずかに回収した代金を待って送る事態もありました。あべこべですよね。先払いの定期購読者に真っ先に送らなければいけないのですから。

　こういう話、聞きたいですか（笑）。回想が暗く、後ろ向きになるばかりで……。

　その方々に、詫び状を兼ねた礼状のハガキ一枚出してから、死にたいです。「観覧車」の定期購読者もネグってしまっているし、厚生省（現・厚生労働省）の年金詐欺や信託詐欺みたいです（笑）。今思えば、無理矢理、両誌をリンクさせ、閉じた「観覧車」の代わりに「ムービーマガジン」を受け取って欲しい、とすればよかったんですが、当時の私は、前の失敗はきれいさっぱり忘れ、出直すつもりでいたんですね。ゆえに、当初の「ムービーマガジン」には、編集発行者の名前が記せなかった。〝前科持ち〟ではまずいと思ったわけで、あの時点で、別名でも作ればよかったんですよね。

　このあたりが、前回の終わりに記したことの説明でして、ようやく、創刊号のトバグチに立ちました。

　「ムービーマガジン」創刊号について、前の情報誌「観覧車」の名残があるね、と松田政男さんだったと思いますが、感想を言ってくれました。主観交じりの細切れミニ情報を巻頭に配し、純粋情報を巻末においていて、そのあいだに、批評やエッセイがサンドウィッチになっているから、それら情報を指して、松田さんはおっしゃったんだと思います。

　松田さんには笑われるだろうと思ったから、言わずにいましたが、実は「ニューヨーカー」誌が幾分、念頭にあったんです。思いっきり笑えるでしょうよ。目線は高く、手法は低く、まぁ、眼高手低ですが、ついでながら、かの「週刊新潮」もまた「ニューヨーカー」の都会誌スタイルを真似てスタートしているのです。今では類似点を見出すのは至難の業《わざ》ですが（笑）、情報の扱いに名残はありますよね。

　「ムービーマガジン」創刊号はＢ５サイズ、わずか32ページ。ヨコ組みです。ツカを出すべく、本文の上質紙はちょっと厚めで、表紙もコート紙やアート紙などではなく、本文のよりちょっと厚めのトモ紙です（厚みが違えばもう、トモ紙とは言わないかも）。フルカラーの表紙ですが、上質紙なので色がしっとりと染み込み、粋だと自賛するのは許されると思います。

　書いて下さった田中一人さんは、「だぶだぼ」（１９７０年創刊）という、パルコ発行「ビックリハウス」（74年創刊）の先駆けをなすカルチャーミックス誌の、イラストを手掛けておられた方です。

　田中一人さんにどういう行きがかりで、表紙をお願いすることになったか、全く覚えていません。まことに恩知らずでして、４号まで手掛けて下さっており、ギャラを一度もお払いできないままだったでしょう。胸がホントに痛みます。心を込めて仕事をしてくださった方々を、私は次々とコケにしていってるのです。

　創刊２号の表紙は「ターザン」のジョニー・ワイズミュラーとモーリン・オサリヴァンですかね。自信がなくて申し訳ないですが、ジェーン（オサリヴァン）が普通ならショートヘアでしょうから。この表紙はＢ４サイズよりさらに横長で、内側に折り込まれており、その折り込まれた部分が読者ハガキになっています。この私製ハガキで試写会にも応募しますから、読者を釣る（失礼！）のに重要なものですが、用紙・製本など費用を考えると、創刊号のように本文のページにハガキ部分を作る方が合理的です。合理性を簡単に超越するのがアマチュアリズムなんですね（笑）。続く第３号の表紙はリタ・ヘイワースで、裏表紙まで一つづき。広告が取れない事情があるにせよ、田中一人さんの意欲作で、迫力があります。

　創刊号の表４（裏表紙）は芳賀書店の広告になっていますが、無料広告をこちらからお願いして、出していただいたのでした。新雑誌の格付けのためですね。

　第２号の表３の〈75大映映像芸能学院10月生

募集〟も似たような事情です。大映東京撮影所に呼び出され、広告でも下さるのかと浮き浮きと多摩川くんだりまで出かけたところ、無料広告を出す気はないか、と逆提案され、がっくり。でも、映画会社が、それも［市川］雷蔵や勝新［勝新太郎］（たちは、京都撮影所が主体でしたが）がいた（いる）映画会社の人が、「ムービーマガジン」を見ていた、と。認められたような嬉しさ、みたいな気持ちが勝《まさ》っていたのではないですかね。他愛ないもんでしょ（笑）。

第4号の表紙が、川谷拓三さんで、この号でムービーマガジンの性格が決定しますが、今回は創刊号の編集後記を転載することで、〆《しめ》たいと思います。無論、イニシャルさえない、無署名の文章でした。

「本屋の雑誌売場をながめてみると、『マガジン』を冠した雑誌は（略）ざっと35～36種がひしめいています。そして今度、ささやかな本誌がそれに加わるわけで、願わくば、諸誌の発行部数の偉大さにあやかりたいと思います」。

以下、エンエン続くのですが、当人は気づかないようですが、先行する「なんとかマガジン」の数々、少年～、ミステリ～、ニューミュージック～等々と、同格に引き上げる心づもりらしい。微笑ましくって（笑）。こういう錯覚なくして、スタートはないんでしょう。

第4回 全31冊総目次（その1）

（二〇一四年三月二十五日）

4号も休載した挙句、進退窮まって〝総目次〟？

「映画論叢」誌面を「ムービーマガジン」の資料室（！）のように利用して恐縮ながら（丹野達弥編集長のご寛容に感謝！）、タイトルと執筆者から、内容を大づかみしていただけそうに思います。タイトルを入力しながら感傷が去来。各号文末に事情などを添えました。

【註】〝見出し〟は原則として当時のままで、表記の統一などあまり配慮していませんが、当初の目次にはなくても書き加えたものや。コメントでの引用部分を含めて、ごく一部ながら補足や変更、人名や外国映画のタイトル、件名などの表記を統一したり、訂正したものがあります。

● 創刊号

昭和50年7月1日発行（奥付の表示、以下の各号も同様）。毎月1回1日発行と記すが、月1回刊が（遅延しつつも）守られたのは3号まで、か。B5判型、中綴じ。第4号まで本文32ページ、横組み、150円。表紙は田中一人氏による。嵐寛寿郎〝鞍馬天狗と杉作〟のイラスト。

【CONTENTS】（目次）は最終ページに掲載。

＊Story of Bogdanovich ボグダノヴィッチ・インタビューと新作『デイジー・ミラー』のこと（江崎泰子）
＊映画日記1975（松田政男）
＊ピーター・フォンダ先生の記者会見に、どういう訳か、呼ばれて、頭に来て帰って来た、はなし。（つくも治）
＊シリーズ映画の喜びと悲しみ―『多羅尾伴内』から「寅さん」まで（西脇英夫）
＊ルメットの華麗なる怒り『オリエント急行殺人事件』（桂千穂）
＊オーソドックスな文明批評『ファントム・オ

ブ・パラダイス』（渋谷陽一）
＊プログラム・ピクチュアの新人監督たち（野村正昭）
＊偽処世訓―青春歌手と映画スターの間（松田政男）
＊虎吉のキネマ日記①（大貫虎吉）

◇

創刊号の体裁や（ささやかな）狙いなどについては、前回（2号前ですが）に記したので省略。少ないページ数なのに、1ページ丸ごと、1枚のスチルで（トリミングするなどして）埋めてあるのが、5ページもあり（ピーター・フォンダのシンプル・ライフ広告用図柄を含む）、表2、表3も加えれば7ページで、原稿の不足というよりは視覚に訴えようという積極的な意味合いがあったと思う（他人事のようだけれど）。

巻末「執筆者紹介」では9氏を各45文字弱で紹介。大貫虎吉さんについて、もうご本名を明かして差し支えないと思うが（業界的には既知だったかも）、当時、キネマ旬報編集部にいた佐藤芳幸さん。私が「入学卒業時に、キネ旬に採用枠がないか問い合わせたら、ありません、と一蹴された」と話したら、「採用されなくてよかったじゃないですか」と慰め（?）られた（いやいや、あの時点から私の人生設計は変調をきたしてます）。

ある年の正月、佐藤さんが一升瓶を抱えて西武新宿線新井薬師の拙宅を訪ねてくれたのが懐かしく、第9号では、400字詰め原稿用紙63枚の力作評論「花とメリケン―『けんかえれじい』論ノート」を始め、精力的に寄稿してくれた。

その後、弟さんが亡くなるなど生活上の激変があり、表面上は「親の遺産独り占め！」とか、おどけるように振る舞う姿から、却って辛さがしのばれた。お父上が確か紅茶会社の要職におられたと記憶するが、そこに転職したはずで、映画とはスパっと縁切りしたようだが、お元気でしょうね。

なお、ムービーマガジン社の（当面の）住所として記した新宿4丁目某所、同3丁目某所は、いわゆる貸デスクで、郵便局、電話の対応をしてくれるところだが、そうとは知らず訪ねてくる読者がやっぱりいるんですね。困ったよ、と貸デスクの人に言われたが、訪ねたほうの落胆を思うと……。

● 創刊2号

昭和50年8月1日刊。表紙はワイズミュラー〝ターザン〟とモーリン・オサリヴァン〝ジェーン〟のイラスト（田中一人）。

＊「巨匠」とは何なのか―黒澤明『デルス・ウザーラ』を中心に（山根貞男）
＊映画日記1975（松田政男）
＊私はなぜあきもせず映画俳優を描いているのだろうか（合田佐和子）
＊松方弘樹のきのうときょう（高平哲郎）／松方弘樹フィルモグラフィ102本
＊ロマン・ポルノの男優たち（北川れい子）
＊失われたロマン・ポルノを求めて（野村正昭）
＊虎吉のキネマ日記②（大貫虎吉）

◇

この号から「CONTENTS」に次のような宣伝が添えられた（第10号まで）。「本誌は、映画に新たな活力を求めつづけて行きたい、という願いから創刊されました。映画に関することならなんでも、原稿を本誌にお寄せ下さい。読者の皆さんの新鮮な原稿で、本誌をさらに前進させたいと思います」。

〝新たな活力〟が、現在の年齢では、こそばゆく、つくづく年はとるものではないですね。

この号のみ、裏表紙が観音開きで、内側に折り返した分が読者ハガキに転用されるようになっている。読者ハガキを、別途に作って挟み込むのでなく、本文や表紙の一部として作り込んでいるわけで（創刊号と第2号）、費用を考えた上でのことだったかどうか。どうも徒労だったらしく、第3号からは通常の挟み込みハガキ方式になっている。

「LETTERS」（読者ハガキ欄）は概ねトップ記事の扱いで（時には巻末にも）、誌面の〝活力〟を担って、本誌への批判などためらわず載せたはず。

創刊号の表紙の〝7〟や、この号の〝8〟は刊行月のことだが、以後、この表示は消え、第×号の表示に。ただ、〝毎月1回20日発行〟の文字は第4号まで残っている。

この号の大ポカは「印刷上のミスにより、27Pと28Pが入れ替わっております」と断りの挟み込みをするに至ったこと。当該誌面は「ロマン・ポルノの男優たち」。寛容な筆者で助かりました。

ミニコラム「今月の人」はニュースな映画人の人物戯評的なもので、同「プロ?の目」も業界のヤジ馬的コメント欄。匿名原稿で、私が書いたように思うが、中に（私らしからぬ）シャレたのがあったりするから、複数で書いたのかも。

試写会への読者招待が5作品あり、計500名を招待。大手5社の提供によるもので、発行部数のわりに招待人数が多く、提供各社の寛大さに、今しみじみ感謝する。

ムービーマガジンは試写状の当たる確率が高い、という評判が立ったようで、購読意欲（本誌添付の読者ハガキで申し込む）を支えてくれたのである。

また、取り上げた（メインの）俳優に綿密なフィルモグラフィを付すのは、この号の松方弘樹以降で、小誌の〝美質〟になっていくが、キネ旬俳優事典もまだ刊行されない時点であり、生鵜猛さんの文字通りの労作だった。

どの俳優の時か失念したが（室田日出男氏の時だったか?）、丸の内東映［現・丸の内TOEI］の映写室の裏っ側に内密のような空間があって（梯子で這うように侵入した）、棚づくりになったそこにはポスターなど過去の宣材が大まかな年代で区切られて積まれていて、それを1枚1枚、埃を吸いながら出演を確認していったことがあった。東映がよく許してくれた、と今にして思う（ことばかりだ）が、あの宝の山はその後、どうしたろう?

巻末掲出の、前号の「訂正」箇所は30箇所近くに及び、このページ数にして、この多さよ!

●第3号

昭和50年9月20日発行。表紙はイラスト（田中一人）で、悩ましげなスーザン・ヘイワード。
＊戦後焼け跡の時代活劇①阪妻映画の周辺（桂千穂）
＊車寅次郎へのささやかな異議（高田純、イラスト・黒田邦雄）
＊映画日記1975（松田政男）
＊〈夏〉の日の若大将（黒田邦雄）
＊さらば日活ロマンポルノ（薊千露）
＊二人の女―悦子ととめ（大貫虎吉）
＊映画を探す絶望的な旅①溝口健二とその影（小林竜雄）
＊虎吉のキネマ日記③（大貫虎吉）
＊コラム「読書の秋にチャンバラ映画の知識を深めよう―時代劇本紹介」（森下敬）
＊LETTERS

◇

「PRESS OUT」（編集後記）は前号の悲痛な反省。「この前の号は、いかにも不本意な仕上がりだった。雑誌の感触をソフトにしたいと思ったから、やや薄手の紙を使用したところ、薄い雑誌はさらに薄っぺらになって、資生堂の『花椿』まがいのPR誌の体裁になってしまった。いかに〝面白くない文章がない〟内容で勝負すると言っても、見栄えは大切なのだ。おまけにフィルムの焼きが強すぎたらしく誌面は真っ黒」云々とあり、そして27と28ページが逆だったこと（第2号のコメントで記した）に及び、「そういえば天下の大プロの雑誌〝ミステリマガジン〟の最新号も上段と下段が組み違っていたっけ、などと自らを慰め」て、気持ちの立て直しに必死の様子。「誌面が真っ黒」に関しては、［画家の］合田佐和子氏がエッセイに添えて、〝キャロル・ロンバート〟や〝探偵〟の肖像画をせっかく提供して下さっているのに、印刷が濃すぎて活かせず、今も胸が痛む。

ミニコラム「今月の人」では過日、交通事故死したジュリアーノ・ジェンマもこう取り上げられている。「大丸百貨店のオリジナル紳士服〝トロージャン〟のモデルになる人。彼の日本でのネーム・バリューのほどは定かでないが（中略）、それにしてもなぜ日本人を起用しないのか。え？　日本人、似アイマセン、って？」。

　読者招待の試写会はさらに増えて、7作品（4社）で計700名。

　目次に〝本文タイトル構成〟として初出の落合紀夫さん（のちに表紙や目次のレイアウトも）、その夫人、写植の静岡県富士市の岳南市民新聞社（前号から奥付に記載。落合氏のお父上がやっておられた）には大恩があり過ぎ、且つ忘恩のままで、思い出すだに、わが胸が締めつけられてしまう。

●第4号

　昭和50年12月20日発行。表紙は糸川燿史撮影の川谷拓三で、銀粉で縁取りした。

＊日本のマイケル・J・ポラード＝川谷拓三にインタビュー（インタビュアー・高平哲郎）
　＋特別グラビア（糸川燿史）
＊アメリカの映画館は暗闇だった（田川律）
＊ヒーローよ、戦え！（井上恵司）
＊映画の中のわが女たち（かぜ耕士）
＊映画を探す絶望的な旅②トリュフォーの映像の繊細さ（小林竜雄）
＊虎吉のキネマ日記④（大貫虎吉）
＊映画全評1975◇（松田政男）

　2ヶ月半ぶりの発行。

　川谷拓三さんのグラビアをページ真ん中に綴じ込みで入れた。厚手のコート紙を使用し、B3サイズを2度折りして8ページ分だが、広げるとB3サイズのままの大きさに。川谷さんがジーパンの前ポケットに両手を突っ込んで、さながら、ジェームス・ディーンのよう。反響は大きく、以後のムービーマガジンの方向を決定。

　つまり、俳優インタビューという〝鉱脈〟で、インタビュアーの高平哲郎氏の発想に負っている。上っついたような俳優ではなく（ミニコミ誌なのに、尊大ですみません）、その俳優のファンも粋スジと思われるような存在（ますます尊大！）を、暗黙の了解事項に人選（まっこと、尊大です）。

　この号の川谷さんのグラビアは印刷が立派で、まんま他誌に無断転載され（撮影者の明記さえせず！）、抗議に行くと、いけないことをしたという認識がまるでないのに驚いた。その雑誌の次号だったか次々号だったか、写真の出所、撮影者を明記させたが、渋々で、誠意のかけらも無かったことを、根に持つタイプとしては、よく覚えておりまする。

●第5号

　1976年（と西暦表記）2月20日発行。8ページ増の40ページ。190円。本文、縦組みに変更。表紙は田辺幸雄撮影の渡哲也。

＊特集・渡哲也　インタビューとグラビア「やっぱり映画をやりたいですねえ」（インタビュアー・高平哲郎、カメラ・田辺幸雄）。
　前号同様、B3サイズの折り込みグラビア。
　フィルモグラフィも。
＊植草甚一・淀川長治特別対談「映画の話をすると時のたつのを忘れてしまう」（イラスト・本山賢二）
＊戦後焼け跡の時代活劇②不死身の鞍馬天狗アラカン（桂千穂）
＊映画全評75遡及篇（松田政男）
＊前略、白川和子さま。梢ひとみとプロレスをしました。（賀来恋慕）
＊石上三登志著「男たちのための寓話・私説ヒーロー論」を嘲う（北川れい子）
＊荻昌弘さん、あなたは去年、日本映画を何本見ましたか。（中村和男）
＊不思議の国の悦ちゃん—志穂美悦子論、語録・ファンジン紹介やデータ（生嶋猛）
＊フランケンシュタイン・モンスターのつくり方、又は206万映画『手盗人』はいかにしてできあがったか（大久保賢一）
＊虎吉のキネマ日記（大貫虎吉）
＊LETTERS

◇

植草・淀川対談は、これまた高平哲郎氏が取り付けてくれたもので、「ムービーマガジン」は氏におんぶに抱っこ。この号から掲載されるようになった、メイン・インタビュー中のマンズワイン広告も氏自らの働きかけのたまもの。同対談は文末の説明によると、前年(75年)8月29日、池袋パルコ「植草甚一ワンダーランド展」での公開対談。「お話は1時間を超える長いものですが、スペースの都合上、映画の話を中心にまとめ」た、と。

文字起こしした原稿を、淀川氏のご自宅に送り、その直しを東海道線の何駅だったか「鶴見駅。なお東海道線は止まらず、京浜東北線」、ご自宅に受け取りに伺った。もう暗くなった時間帯で、家には上がらず、縁側の外で受け取った。淀川氏いわく、「いい内容だから、大事に使って下さいね」。

大きな床の間があり、そこに、ご母堂のご遺骨らしい白木の箱が納骨もされず置かれていることに強い印象を受けた。とても納骨の気持ちになれない、というふうに受け止めたのである。

この号の末尾に、〝別冊〟の予告がある。「現在市販されている俳優人名辞典にも収録されていないユニークな外国の役者たち200名を記録した、ムービーマガジンならではの画期的な人名鑑」で「編者は北村孝志氏(29才)です」とあるが、出せず、北村氏に会っても、そんな話などしなかったかのように私は黙していた。北村さん、ほんとにごめんなさい。

第5回 拓三また拓三

全31冊総目次(その2)

(二〇一四年七月十三日)

場違いかもしれないけれど、本誌(映画論叢)前号で特に気に留めた記述といえば、佐々木勝彦インタビューの、『海軍特別年少兵』(72)で演技賞が地井武男だけに行き、残念がる佐々木氏を今井正監督が、氏の演技を良かったと励ましてくれたのが忘れられない、というところ。

スポーツの賞などと違い、芸術の賞は罪作りではと映画・演劇の選出にちょっと関わって反省することが一度ならずあるが、受賞しなかった側から、その理不尽さを活字という公開の場で(酒場のボヤキならともかく)、率直に吐露した例は珍しいのではなかろうか?

それに、今井監督がそういう気遣いをする人だということも私には望外で、「今井正映画読本」(今井正監督を語り継ぐ会・編、論創社2012年刊)では今井がいかに心優しい人だったか、その事例の数々が述べられているけれども、私の仄聞する限り、そして一度きりの電話の会話で拝察する限り、今井監督は同業他者に対し、控え目に言えば淡白、ありていに言えば冷淡だったのでは、が私の認識だったのである。誤解ないよう付け足せば、市川崑・木下恵介・吉村公三郎の〝3K〟+沢島忠・今井正の〝2タダシ〟が我がアイドルであります(顔ぶれに整合性を感じにくいかもしれないけれど)。

◇

さて、貴重な本誌の誌面を費やして、〝総目次+自註〟の続きですが、前回分を読み返して、なるほど反省過剰ですかね。取りようによっては反転した自意識過剰かも? で以後は、少しでも前向きの(があれば、ですが)、自註を記したいところです。

●第6号

発行日記載は1976年4月20日。

〝またまた増ページ〟と表紙にうたう。48ページ。定価据え置きの190円（第10号まで）。

表紙は〝特集〟に合わせ、〝若大将〟シリーズの輝かしい第1作『大学の若大将』（61）のスチルを流用。水泳選手・田沼雄一＝加山のみぞおちの胸毛もあらわな、むき出しの上半身をトリミングし、バックを水色で配しているが、今振り返ると感慨が二つ。シネコミ誌のこういうスチルの使用を今日、大東宝（だけではないが）はおいそれと許容しないはず、ということと、今まさに取材したばかりの加山さんの顔ではなく、この時点で15年前のスチルを使用するのは非礼だったのでは、と。表紙や目次・本文タイトルなどのデザインをやってくれた落合紀夫さん（前回紹介）の責任では、もとよりなく、〝私たち〟の認識の反映。

キネ旬ムック〈女優〉シリーズの表紙をみれば、どれも〝現在〟を使用していないから、あれでよかったのかも、とも思う。俳優に限らず、〝過去〟はデリケートなもの…。

で、加山雄三さんのインタビューだが、高平・田辺両氏は予め指定された日時に行ったものの、ムリで、午後ふたたび同所に赴くも叶わず、3度目の翌日、実現したことが述べられている。

恨みがましく私は再説しているのではなく、多忙なスターのスケジュールの中、疲労を押して何とか時間を作ってあげようとしたマネージャー氏やご当人が偲ばれ、高平さんの粘りにも今更ながら、ご恩の大きさを思っている次第です。

さらに、今号の「川谷拓三、アンコール登場‼」は、第4号の特集・川谷拓三さんとインタビュアーの高平さんのエールの交換で、涙が出そう。

◇

内容は……▼特集・加山雄三インタビュー「『若大将』の思い出のことなど」＋グラビア（インタビュアー・高平哲郎、カメラ・田辺幸雄）／寄稿「若大将は永遠に」（田波靖男）／フィルモグラフィ（作成・生嶋猛）▼小泊村中央劇場の便所の窓から東映の波・ザブーンが見える（三上寛）▼川谷拓三、アンコール登場‼（高平哲郎）▼劇場のあいまには、たまにはテレビも見よう―テレビ放映劇場映画の楽しみ方（西脇英夫）▼映画のなかみ（作品評）『暁の7人』（井家上隆幸）／『ナッシュビル』（渋谷陽一）／『噫、活弁大写真』（山下洋輔）／『クリーンセンター訪問記』（斎藤正治）／『さすらいの二人』（桂千穂）／『バリー・リンドン』（萩原朔美）▼今野雄二著「恋する男たち」にちょっぴりの敬意と大量の嘲いを（北川れい子）▼テレビがぼくを作った（小泉徹）▼映画にとって予告篇とは？（鵜飼邦彦）▼日本映画斬り捨て御免（伊丹詮作）▼ドロンばかりがスターじゃない（黒田邦雄）▼虎吉のキネマ日記（大貫虎吉）▼映画全評76（松田政男）▼LETTERS（読者葉書からピックアップ）▼PRESSOUT（編集後記）

◇

「テレビがぼくを作った」の小泉徹氏は「宝島」誌の編集長でしたよね。ラジオ＋映画で自己形成らしきことを辿った私（たち）としては、TVがそれに代わるものだった世代をとうとう認めざるを得なかったのですね。

最終ページに、本誌バックナンバーフェアの告知が。芳林堂高田馬場店、同池袋店［2017年閉店し、高田馬場店に統合された］、有隣堂町田店の3店舗に、改めて感謝！「編集後記」は相変わらず反省ばかりで、性分か。

●第7号

1976年7月20日発行と記載。

表紙は（その時点の）原田芳雄さん。本誌メイン・インタビューで唯一、ご当人の自宅でのものだろう。原田さんが俳優として芽が出る以前、ホテル・ニューオータニの花屋のバイトをし、長嶋茂雄の結婚披露宴の飾りつけなどをしていたのが、自分の人生のハイライトだったかな、とインタビューにあるはずなのだが、今読み返すと、〝ハイライト〟の語がない。高平氏から聞かされたのだったか？〝ハイライト〟の語の、シニカルな（？）使用法を知って私は今でも時に援用しております。

角川春樹氏インタビューも高平氏の提案で、一度どこかに記したかもしれないが、角川氏が別れ際、掲載誌が売れ残るようだったら持ってきなさい、買い取りましょう、と言ってくれ、白いスーツの氏がまばゆく見えたのを思い出す。遠慮もあらばこそ、30冊ほど持参したらためらいなく買ってくれ、『犬神家の一族』（76）が全箇所〝犬上〟と誤記されていたことにも寛容だった。

後年、角川を追われることになる氏だが、ある年のクリスマス近い頃、紀伊國屋書店新宿本店2階レジを少し離れた位置から見守る氏をお見かけした。秘書らしい女性が氏に代わってレジで支払いをしているらしく、春樹氏の黒いロングコートに黒い帽子、黒メガネといった世を憚るようないでたち（オシャレでもありましたが）に胸を突かれた。ご恩は忘れておりませんから……。

◇

内容は……▼原田芳雄へのインタビュー（灯の消える寸前の日活の現場が、自分が映画に出ている原点になっている」（インタビュアー・高平哲郎、カメラ・田辺幸雄）／フィルモグラフィ（生嶋猛）▼角川春樹氏に映画プロデュースの抱負を聞く▼『ハリーとトント』のポール・マザースキー監督は猫嫌いにちがいない（安渕聖司）▼戦後焼け跡の時代活劇③片岡千恵蔵へのファンレター（桂千穂）▼韓国映画みて歩記《あるき》ーソウルー仁川ー慶州ー釜山（小田克也）▼愛すべき女女《めめ》たちー日本映画脇役女優列伝（伊丹皓二）▼映画のなかみ（作品評）「激突！若大将」（山田宏一）／『黒幕は最後に殺せ』（黒田邦雄）／『大地の子守歌』（小川徹）／『スカイ・エース』（秋本鉄次）／『候補者ビル・マッケイ』（田川律）▼こんな映画見てますか？『組織』（伊藤勝男）▼日本映画斬り捨て御免（伊丹詮作）▼「青春」から遠く離れてー佐藤忠男著「青春映画の系譜」評（北川れい子）▼ドロンばかりがスターじゃない（黒田邦雄）▼虎吉のキネマ日記（大貫虎吉）▼映画全評76（松田政男）▼開票速報!!読者投票による76ベスト・ムービーズ［I］▼LETTERS

◇

「開票速報!!読者投票による」云々は、往年のアイドル誌「平凡」「明星」（読者ではなかったが愛読誌でした）のスター人気投票形式を模倣しようとしたもの。〝速報〟によって、雑誌への関心を継続してもらおうとする魂胆です。

表2に、取次の栗田出版販売と契約している書店なら、全国で買えます、と晴れやかに記している。雑誌を作るには作っても、売るのが大変なわけで、日販、東販、栗田、鈴木と、報われない取次訪問を思い出す。こんな小さな雑誌一ヶのところが、取次を納得させるはずもないのに、足繁く通えば何とかなる、と当時思っていたとしたら、尋常な神経ではないが、栗田出版販売が承諾してくれことで、突破口が開けた気になっていただろうか？

●第8号

1976年10月1日発行と記載。

内容は……▼表紙及び特別企画・室田日出男（インタビュアー・高平哲郎、カメラ・田辺幸雄）／フィルモグラフィ（生嶋猛）▼新しい日本映画の波は大林映画から始まる　大林宣彦インタビュー（聞き手・小林竜雄、カメラ・前田康行）▼純粋!!琉球映画製作宣言（高嶺剛）▼怪獣たちにアフター・サービスは無用、たった5年と半年だけど、楽しかったよ、粋な別れをしようぜ（秋本鉄次）▼ヨーロッパ旅行の合間にはいった映画館の話（鍵和田幹夫）▼戦後焼け跡の時代活劇④番外篇・お化け映画（桂千穂）▼映画評『忍術猿飛佐助』（山根貞男）／『リップスティック』（北川れい子）▼こんな映画見てますか？『殺人者にラブ・ソングを』（伊藤勝男）▼日本映画斬り捨て御免（伊丹詮作）▼植草さんは、なぜカンカンになったのだろう（名瀬太郎）▼山田宏一著「映画この心のときめき」

を女心で読むと（北川れい子）▼小野耕世著「ぼくの映画オモチャ箱」紹介▼ドロンばかりがスターじゃない（黒田邦雄）▼虎吉のキネマ日記（大貫虎吉）▼映画全評76（松田政男）▼読者投票による76ベスト・ムービーズ開票速報［Ⅱ］
▼LETTERS

◇

バックナンバーを繰りながら感慨ひとしおなのは、かつて映画雑誌がスチルをほぼ潤沢に使用出来たこと。現在、新作公開に合わせた宣伝としてなら別だが、旧作のスチル使用となると申請の手続き（えッらそうに振る舞う社も）、使用料の発生（半端な額ではない上、被写体の人物の許可が必要な場合も、と制約があり、そのきっかけとなったのは、スチル集のごとき「日本映画戦後黄金時代」全30巻（日本ブックライブラリー、1977〜78年）が爆発的成功をみたあたりかららしい。タダ同然のスチルで巨利を出した、というのだが、現在、スチル使用の困難が旧作の息の根を止めかねないと私などは思っています。スチルの助けなしで映画らしい文章を書け、といわれれば、それまでですけどね。

この号のとても短い編集後記を引くと、「先日、西脇英夫さんに酒席で、ミニコミの発展の秘訣は、しょっちゅう〝売れてます〟〝売れてます〟とホラをふきまくること、と教えられました。（略）本誌7号までの儲けが大分貯まったので、今度ビルを新築することにしました。どこか適当な空地がないでしょうか？」。

「映画論叢」誌もそろそろ、ビルが建つ頃かも？

●第9号

1976年12月1日発行と記す。

表紙はひげ面がセクシーな藤竜也の横顔（カメラ・田辺幸雄）。

内容は……▼特別企画・藤竜也「ま、そこそこ…な…そこそこって感じ…な」（インタビュアー・高平哲郎、カメラ・田辺幸雄）／フィルモグラフィ（生嶋猛）▼特別座談会「東西の女優の魅力について語ろう」出席＝山根成之・川谷拓三・山田宏一・北川れい子▼花とメリケン―『けんかえれじい』論ノート（大貫虎吉）▼ハリウッドで考えたこと―『杏子』の映画化にあたって（伴睦人）▼若い世代の作品をパリにて待つ（小松沢陽一）▼ドロンばかりがスターじゃない（黒田邦雄）▼A級映画なんか頭になかった―西脇英夫著「アウトローの挽歌」評（山根貞男）▼日本映画斬り捨て御免（伊丹詮作）▼こんな映画見てますか？『夕陽の群盗』（伊藤勝男）▼日の目を見ない、舛田利雄、小澤啓一の日活アクション的スポンサード映画2作（鵜飼邦彦）▼若大将の次はアキラ・渡り鳥だ！（長瀬武彦）▼映画ファンも見逃せない「キネマと怪人」など芝居二題（高平哲郎）▼映画全評76・最終回（松田政男）▼読者投票による76ベスト・ムービーズ開票速報［Ⅲ］▼LETTERS

◇

長編評論「花とメリケン」の筆者、大貫虎吉さんについては前回触れた。

「東西の女優の魅力について語ろう」は座談会に、仕事で遅れてきて戸惑い気味だった川谷拓三さんに、さりげなく話に加わるきっかけを振ってくれたのは山根成之監督だった。その後だいぶたって、朝8時ごろ、新宿歌舞伎町の風林会館あたりでお見かけし、軽く会釈をしたのが、山根監督との最後。前夜この辺で飲んで終電を逃し近くで泊まったが、早朝ロケだったのか？

また、この座談会を起こした原稿を、山根、川谷両氏の分まで隅々、時間をかけて点検して下さったのは山田宏一氏で、それも喫茶店で。短時間でその場でケリがつくものと思っていた私は、次の用事のため中座しなければならず、恐る恐るお許しを願うと、山田氏は、「行ってらっしゃい」と寛容。怒りで途中で放り出していらっしゃるのでは、と覚悟したが、戻ってみればなお黙々と原稿をみておられ、あんなに恐縮し、畏怖し、学び、敬意を覚えたのは後にも先にもないと思う。山根・川谷氏は鬼籍に入られているが（山根監督の墓参りを果たしていない）、改めて、3氏に心からお礼を申し上げます。

●創刊10号　記念号

１９７７年2月1日発行と記す。川谷拓三さんの写真ではなくイラスト（画・本山賢司、デザイン・木下利幸）による赤い表紙。

内容は……▼今号のゲスト・スター　川谷拓三、四日間密着インタビュー（インタビュアー・高平哲郎、カメラ・田辺幸雄）／フィルモグラフィ（生嶋猛）▼スペシャル・スター（本誌特約）ジェイムズ・カーン、『遠すぎた橋』までを語る▼戦後焼け跡の時代活劇⑤長谷川一夫（桂千穂）▼芹明香は元気です（鵜飼邦彦）▼池波志乃さんに映画の話を聞きにいったら、見とれてばかりいた。（無署名だが、筆者は高平哲郎さん）▼わが心のひばり映画ベスト15—芸能生活30周年によせて（井上勝彦）▼ドロンばかりがスターじゃない⑤バート・レイノルズ特別版（黒田邦雄）▼男たちのセックス・シンボルについての研究＝カトリーヌ・ドヌーヴ（北川れい子）▼「みんな不良少年だった」は2人のエンタテイナーのインタビュー集です（高平哲郎）▼日本映画切り捨て御免（伊丹詮作）▼こんな映画見てますか？『小さな約束』（伊藤勝男）▼映画天狗道場・第1回〈論争買います〉（津村和正vs松田政男）▼虎吉のキネマ日記⑨（大貫虎吉）▼映画論壇時評・映画を「面白がる」ことと批評と（山根貞男）▼映画館で上映されるCMはどうあるべきだろうか？▼読者投票による76（年度）ベスト・ムービーズ開票速報［Ⅵ］▼LETTERS

◇

また、川谷拓三？　もう種切れなの？　と亡弟に言われたことを思い出す。表紙2度を含め4度目なのだが（たった10号の間に！）、人気者は何度でも登場する、と私……。

ジェイムズ・カーンインタビューだが、〝本誌特約〟とあるものの、そんなはずもなく、カーン主演『遠すぎた橋』（77）配給の松竹富士が提供してくれた資料に依拠したと思う。翻訳構成の安渕聖司さんに感謝。

バックナンバーの紹介では、〝4号までは売り切れ〟と。「編集後記」を再録すれば……。「★本誌に寄せられるご意見は、①発売日を守れ、というものと、②女優を特集しろ、というものが一番多くを占めています。①は読者の皆さんの購買意欲に関わることであり、営業的に雑誌の命運につながる大事な大事な問題ですが、遺憾ながら、今回も守ることが出来ませんでした。12月はアトがないことでもあり、段取りは早め、早めに進めていったのですが、なかなかプロの編集者になれず恥じています。②は、近日——といっても次の号が出るのは二ヶ月後ですが実現させたいと思っています。（外国女優になるかも知れませんが）★今号で創刊10号になりました。先は長いのですから10号ごときでハシャぐこともないのですが、日頃、ご愛読いただいている、お顔も知らない読者の方々に、改めて厚くお礼を申し上げます」に続き、寄稿者、写植屋さん、印刷所の〝ご好意〟で「更に本誌の発展をお約束して、10号のご挨拶とします。（U）」と。

現在の感慨を言うなら、この頃は〝発展〟しようという意気込みがあったらしいことに（我がことながら）心打たれ……。

読者投稿「LETTERS」（本文第1ページ目）で（今の時点で）目を引いたのは、原田芳雄（7号）、藤竜也（9号）の次は地井武男を取り上げよ、の一文（投稿者は草加市の19歳の方、名前の記載もあるが、当今は個人情報の問題もあり、割愛）。地井をやればよかった、と悔やみます。地井とは同じ釜の飯を食った時期もあり、まず断られることは無かっただろうに……。

この号の表4は、五木寛之「戒厳令の夜」の本の広告。書名の右上に「近刊予告」、左下に「12月発売・新潮社」とあるだけで、著者名さえない。五木氏がポケットマネーで出して下さったもの、と当時も察しがついた。五木氏を紹介して下さったのは松田政男氏だった。

第6回 MMにもハイライトがあった……

全31冊総目次（その3）

（二〇一四年十一月十五日）

本誌編集長が申しますには、周辺にはこの欄に期待している人たちがいるから、頑張って、と、毎回気後れする私を励まして下さるのだけど、ほんとかいな、と眉にツバしつつも、ハナシ半分、いや、ハナシ万分の一であれ、真に受けることにして、「映画論叢」の場所ふさぎを続けさせてもらいます。

◇

前回は第10号まででしたが、今から思うと、そこまでが一区切りで、ムービーマガジン（以下、MM）の初動期というか〝初志期〟に当たるようなのだ。

続く第11号から数号は、一見〝興隆期〟の様相を呈するのであります。それまでの中綴じを、悲願（！）の平綴じへ移行し、48ページから64へ、一息に増ページ。これで、体裁的にはミニコミを脱し一般誌とまでは言わずとも、ミディコミ誌くらいにはなったつもり。

印刷所も個人経営の軽オフ印刷所から、大所帯の印刷所へ変わった。だが、この背伸び、虚勢、ムリ算段がMMの寿命を縮めたかもしれない。雑誌に限らず、物事にはおのずと領分があるもので、それを超えれば身を滅ぼすことくらいは分かっていたはずなのに、自分を見失っていたとすれば、見失う理由があった。

繰り返しになるかもしれないですが、それは、書店や映画館、その他、本誌を置いてくれるところを一軒一軒回って配本する、直接委託という労力に、ほとほとくたびれていたのですね。

11号表3に記載されている取扱い店・場所（特約店と記している！）の一覧で今数えたら、183ヵ所！　仙台、金沢、大阪、京都、神戸、広島の〝特約店〟は郵送か、取次の栗田出版販売を利用しているが、都内中心部の主要なところは、親戚か知人に借りた車に雑誌を積んで配本回りをしたが（運転は誰かに頼んだ）、その主要な場所から外れる〝特約店〟には両手と背中に、持てるだけ持って、配本・回収・精算に歩いた。この手持ち配達を手伝ってくれた方々のお顔も浮かぶが、お礼が出来るわけではないから（運転してくれた方にはなにがしかの謝礼をしたが）、だんだん心苦しくなって、一人で回るようになった。

両手と背中に背負った姿で東京駅八重洲口のあたりをウロウロしていたら、警官に呼び止められ、中のものを見せて貰えないか、とそれなりに丁重な尋問（？）を受けた体験は前に記しましたっけ？［記載なし］

配達地は、東海道は藤沢まで達し、往復の電車賃も出るか出ないか、計算を度外視した距離まで開拓しようとしたのは、一店でも〝特約店〟を増やせば、東販、日販の二大取次に口座が開ける実績作りになるだろう、と思い込んでいたからである。

先に記した栗田出版販売だが、同社が自主的に配本するのでなく、こちらで打診し了解を得た書店に栗田から行くという限定的なもの。

が、こちらの必死の実績作り（？）もむなしく、東販、日販の二大取次の窓口に通えども通えども取り合ってもらえなかった。

そりゃそうですよね。定価は安い、発行部数は知れており、発行元は不安定で定期刊行がおぼつかない。取次にとって一文の得にならないのはこっちだってわかるけれど、にもかかわらず、取次には社会的責務があるはず、くらいに気負っていたのだから、可愛いですよね。

　でも、二大取次がもし受けていたら、MMはたちどころに続行不能に、その寿命はもっと短命になっていたのは間違いないから、やっぱり自分を見失っていた、という結論になる。

　48ページ、中綴じのままだったら、雑誌の寿命はともかく、金銭的苦労はもう少し軽微で済んだのでは、と以前に記したことを反復しているようだったら、お許しを。いまだ、死んだ子の年を数えているようなものだが、第11号を開けば、そんな煩悶などないような、意気軒昂ぶりなのです！

●第11号

　発行日の記載は前号から2ヶ月後の１９７７年4月1日。〝大人気増ページ、特価２３０円〟と表紙の下辺に記す。

　表紙のイラスト・本山賢司、デザイン・木下利幸。郷ひろみのデフォルメした顔のイラストを真ん中に、内田裕也のやはりデフォルメしたそれ（傑作！）を左下にあしらい、余白には登場するスターたちの名前が躍る。インタビューや共同記者会見や〝論〟などに依拠したスター記事なのだが、つまりスター雑誌たらんとしているわけであります。

◇

　目次は、まず……▼読者投票による76年度ベスト・ムービーズ決定発表▼今号のゲスト・スター　郷ひろみ（インタビュアー・高平哲郎、カメラ・田辺幸雄）▼鏡のように―郷ひろみ論（上野昂志）▼スペシャル・スターI　カメラが恋した女の子　ジェーン・バーキン（インタビュアー・小松沢陽一＋ハルコ・ドジャッシィ、カメラ・ワラビオカ）▼スペシャル・スターII　内田裕也（インタビュアー・加藤芳一、ポートレート・川西普己《ひろみ》）▼ジェームズ・コバーン＋サム・ペキンパー来日共同記者会見（文・編集部、写真・前田康行）▼レイプ3部作を完成した長谷部安春監督に聞く（インタビュアーの明記はないが、北川れい子。写真・前田康行）▼死んだ時に誕生する―映画スターとしてのクリス・クリストファースン（田川律）▼あれから、十年…ダスティン・ホフマンはほんとうに個性派スターだったのだろうか。（大森佐和子＝現・大森さわこ）▼男たちのセックス・シンボルについての研究＝フェイ・ダナウェイ（北川れい子）▼オカルト映画はおかしなおかしなおかしな青年しか撮れない（桂千穂）▼フランチェスコ・ロージの新作『ローマに散る』で〝政治映画〟の作り方を考えてみよう。（井家上隆幸）▼『悶絶‼どんでん返し』『レイプ25時　暴姦』『暴走の季節』におけるホモ・セクシュアルの描かれ方（黒田邦雄）▼ポルノ映画の宣伝はアメリカの方が控え目だった。（村木伸行）▼虎吉のキネマ日記10（大貫虎吉）▼こんな映画観てますか？『愛のさざなみ』（伊藤勝男）▼日本映画斬り捨て御免（伊丹詮作）▼本（書評）「高平哲郎・著「みんな不良少年だった―ディープ・インタビュー」（北川れい子）／フィリップ・フレンチ著「Westerns 西部劇・夢の伝説」（秋本鉄次）▼映画論壇時評・大衆侮蔑の発想と批評の間（山根貞男）▼他に、レターズ（読者欄）、試写会招待、情報、編集後記など。

◇

　64ページともなると、目次を引き写すのにも時間がかかる（笑）。

　この号の眼目は、表紙にも謳った「読者投票による76年度ベスト・ムービーズ決定発表」で、つまりベスト・テンだが、「10ヶ月間にわたる熱いご投票を心から感謝します。投票票数は、日本映画８２１票、外国映画６１２票、計１４３３票で」無効票5枚、云々とリードに記している。毎号、中間発表をし、その都度投票者の作品短評を掲載してきたが、今号が年間の仕上げ。

　その順位を再録すれば……日本映画第1位『さらば夏の光よ』（合計投票者数１１６人、合計得点１０３３点、以下同）。2位『激突！若大将』（42人、２８４点）。3位『狂った野獣』

(33人、273点)。4位『暴行切り裂きジャック』(26人、234点)。5位『青春の殺人者』(28人、218点)。6位『大地の子守歌』(28人、198点)。7位『君よ憤怒の河を渉れ』(25人、179点)。8位『やくざの墓場 くちなしの花』(21人、168点)。9位『暴走パニック 大激突』(19人、158点)。10位『パーマネント・ブルー 真夏の恋』(17人、151点)。以下、最少の1点獲得作品(99位)まで表にしているのは、1票1票、ないがしろにしていませんよ、不正もありませんから、という表明であります。

外国映画第1位『さらば愛しき女よ』(53人、460点)。2位『トリュフォーの思春期』(35人、281点)。3位『タクシードライバー』(27人、236点)。4位『アデルの恋の物語』(26人、234点)。5位『がんばれ!ベアーズ』(19人、179点)。6位『熱い賭け』(18人、171点)。同位で『カッコーの巣の上で』(20人、171点)。8位『ビッグ・バッド・ママ』(21人、163点)。同位で『爆走トラック'76』(18人、163点)。10位『ブレージングサドル』(16人、151点)。以下、最下位97位まで明示。

投票の邦高洋低は本誌の性格を明らかにしており、さらに『さらば夏の光よ』のダントツぶりが目を引くのだが、読者の歓心をつなぐための、また私自身の喜びのための(〝テン〟の結果に大満足!)読者投票だったが、毎号の中間発表もあって、いささか疲れたことは確かです(と思いつつも、77年度はさらに、ベスト・アクター&アクトレスの投票も加えているが)。

〝疲れ〟はまず表組みの手間ヒマ。今ならパソコンのエクセルなどにより自前で何とかなりそうですが、あの細かなもの(前回までの順位・投票者数・獲得点数も表に明示した)を嫌がらずにやって下さった写植の落合紀夫さん(毎号の目次デザインも)ご夫妻の顔が浮かんで、不義理に身がよじれそうになる。自分が生きている内に(富士吉田まで出かけ)、詫びなければならない重要なお一人です。

で、郷ひろみインタビューは第一位を祝して実現したもの。こういう小さな雑誌に今を時めくアイドルをよく出してくれたもの、と感慨を催してしまう。松竹や故・山根成之監督のお力添えがあったはずだが、むろん、所属のバーニング・プロのご見識であり、今更のように、感謝の念に堪えない。遅ればせながら、厚く、厚くお礼申し上げます。

ちなみに、表彰式の告知も同号に記載されており(77年3月15日、於・東芝銀座セブン8階プラスワン・ホール)、それにも郷さんは録音テープでメッセージを寄せて下さっているのである。ありがとうございました。

会場のプラスワン・ホール(のちに吉本の銀座7丁目劇場、現在はZARAのある新ビル)は、運営を任されておられた某氏(お名前を失念、申し訳ありません)が、それ以前にもMMの読者試写などに便宜を図って下さっていて、その延長で実現したもの。

表彰式では山根監督が「〝ワン〟になったのはひろみの(人気の)たまものでしょう」と挨拶されておられたのを思い出す(前回も記したことながら、山根監督の墓参くらいせねば!)。

表彰式の模様は次号第12号に掲載しているので、次のセクションで。

上野氏「鏡のように―郷ひろみ論」はこう始まる。「たとえば郷ひろみをして、西城秀樹や野口五郎とわかつものは何か。一言でいうならばその抽象性である」と、以下、熱っぽい郷ひろみ論が展開されるのだが、かくも力論を惜しげもなく本誌に書いて下さっていたことに(しかも稿料未払いのまま)、何と申し上げていいか。これも遅ればせながら、有り難うございました。

ジェーン・バーキンインビューは、当時パリ在住だった小松沢(小松澤)陽一氏の厚意に与ったものだが(内容、面白し!)、どういういきさつで氏と面識を得たか、これまた思い出せない。後年、日本にファンタスティック映画祭なるものを定着させた功労者で、その後、仙台の大学などで教鞭を執っておられるようだが、お元気だろうか?

同氏はこの後も『青春の殺人者』(76)をカ

ンヌに持って行った長谷川和彦監督のパリ・インタビューを寄稿して下さっており（第14号）、恩人のお一人。11号の時だったはずだが、小藤田千栄子さん（映画・演劇評論家）が折よくパリにいらっしゃると仄聞し、小松沢さんに渡して貰えないか、と電話でお願いしたところ快諾して下さったので、喫茶店でお渡ししたのだが、旅先（それも外国！）の貴重な時間に直接自分に関係しない人に会い、しかも1～2冊くらいならまだしも、確か（少なくとも）10冊はお預けしていて、小冊子とは言え重量も厚み（5センチ以上か）も嵩むわけで、旅行鞄を少しでもコンパクトにしなければならないご当人の都合を私は全く頓着しなかったのである。さらに後日、14号の時だったはずだが、これまた折よくパリに行く旧知の演劇プロデューサー氏に託した際、前回の小藤田さんへの〝はた迷惑〟を小松沢さんが笑い話ふうに話したと聞いて、自分の無知を知った。

小藤田さんにお詫びしないまま今日まで来ている。田舎者で、ほんとにすみません。

と、忘恩の思い出は尽きない（あゝ……）。

「ジェームズ・コバーン＋サム・ペキンパー共同記者会見」は大東紡織の紳士服〝ロッキンガム〟キャンペーンに『戦争のはらわた』（75）前宣伝を便乗させた来日。ロッキンガム（健在のようですね）のモデルがコバーンで、そのCFの監督がペキンパーだったのですね。

その記事の末尾に、アメリカの映画界の状況を聞かれたコバーンが「アマチュアのプロデューサーやプロダクションにすっかり乗っ取られてしまった。彼らは金儲け第一主義で、フィルム・メーカーじゃない。ディール・メーカー（取引き屋？）だ……もう一度、プロの手に取り戻したい」と答え、黙って聞いていた「ペキンパーがコバーンに〝サンキュー〟とぽつりと言った」とあった。この簡潔な〝サンキュー〟には浮沈をなめたペキンパーの万感がこもっているのでは、と思うと感慨がある。我々を熱狂させたペキンパー、今年は歿後30年（84年12月28日歿）です。

この号でもう一つ気がかりなのは、大貫虎吉氏で、氏については前回も記しているが、連載の冒頭、こうある。

「……持病の気鬱病が悪化し、抗鬱剤を飲みながら、縊死へのつのる思いを押さえている毎日で」云々と。

今では私も、鬱病が死に至る病であることを知っているが、当時は軽く読み流したかもしれない。次号の編集後記には「病気加療のため、前号の第10回でひとまず〝完結〟にさせて欲しいとのご要望がありました」と。〝完結〟は執筆のご苦労に当方がまるで報いていないことも一因ではあろうが、佐藤芳幸さん（大貫氏のご本名）、お元気でしょうね？

●第12号

定価、ページ数は前号通り。表紙は高倉健の顔（田辺幸雄・撮影）を墨地に赤をかぶせたもの。いつもは押し戴くように頂戴していた表紙の仕上がりだが、黒い表紙って売れないのでは？と本山賢司（イラスト）さんにだったか、木下利行（デザイン）さんにか（例外的に！）不平を漏らしたものだ。

が、後にも先にも、MMがこんなに売れた号はない。刷り部数1万2千部！　増刷はしておらず、初刷りからこの大胆な数字なのは、前の郷ひろみの号の余勢と高倉健人気に恃むところがあったのだろう。増し刷りは経費的に不経済だ、と一息にこの数字を弾き出したのか。全部売り切ったわけではなく、千部前後の残部はあったにしても（勿体ない！）、この夢のような数字が続いておれば……。

MMのハイライトだった！

高倉健さんがインタビューを受けてくれるかどうか、どうせだめだろうと手紙を書いたら、ある日、「タカクラですが」と電話がかかってきた。まさかご当人が掛けてくるとは思わないから、しばし、どこのタカクラさんか、と。

が、まぎれもなく、あのハスキーな声！　仰天するまいか!!「お手紙に恐縮しました」と丁重に言い、次いで「せっかくです……」が、と断るかと思えば、「せっかくですから、お受けします」と。今、これを記しながら思い出して感涙にむせんでいる私を、家人が覗き込み、「なんで泣いてるの、坊や?」。少年のように泣いているワタシです。

後年、高平哲郎さんがインタビュー集に収録する許可を貰おうとした時も、健さんの心優しい文面（筆跡は秘書の女性の方のものと思しいが）の手紙を高平さんに見せてもらっている。あれで酒が飲めないのがつくづく惜しいよなァと感銘を深めていた高平さんだった（因みに下戸ではなく、酒乱の血筋を恐れて断酒したという説もありますね）。

とまれ、律儀な高倉健さんで、その大恩を思うなら、健康食品の〝健〟であれ、不健全の〝健〟であれ、この字を見かけたら直ちにひれ伏さなければならないが、おかげさまで売れました、という礼状一つ出していないどころか、近年の氏の出演する映画の悪口を言ったり活字にしたり、忘恩の徒と化しています。新作を観なければ、悪口を言うこともない、か……。

◇

さて、高倉健インタビュー（フィルモグラフィ作成・生嶋猛）の他は……▼山根映画は若者の性衝動を見つめる！（山根成之vs小林竜雄、写真・前田康行）〈註・大船撮影所で『突然、嵐のように』を撮影中の山根監督を小林氏が訪問インタビュー〉▼小林亜星インタビュー（聞き手・編集部、写真・前田康行）▼江守清樹郎氏に聞く（聞き手・編集部、写真・前田康行）〈註・何しろ戦後日活の黄金時代の生き字引のような方だから、緊張したが、呆気にとられるくらい磊落なかただった。この記事を、小林信彦氏がご自身のコラムでちょっと言及して下さったのも有り難かった〉▼オマージュ―「ピラニア軍団」十六人衆に（渡瀬恒彦）▼一年余りの発奮でレコード「ピラニア軍団」は出来上がりました（北村孝志）▼モシアノ時ニ、映画トイウモノガ無カッタラ（阿奈井文彦）▼戦後焼け跡の時代活劇⑥市川右太衛門（桂千穂）▼デヴィッド・ボウイに「役者」としての柔軟性はあるんだろうか。（篠田礼）▼ドロンばかりがスターじゃない（黒田邦雄）▼映画監督たち（編と絵・田所広蔵）〈註・本文のタイトルは「DIRECTORS' DIRECTORS」by Kozo Tadokoroに。内外31人の監督の顔のイラストに彼らの作家性に関わる発言を添えたもの〉▼男たちのセックス・シンボルについての研究＝シルビア・クリステル（北川れい子）▼映画天狗道場・第2番／観客論の前提（大塚一男vs松田政男）〈註・大塚さんが投げかけた松田氏著書〝批判〟を、松田氏言うところの〝紙上剣術〟で応じたもの〉▼映画論壇時評・カタログ文化と批評について（山根貞男）▼日本映画斬り捨て御免（伊丹詮作）▼渡辺督子［＝とく子］―『壇の浦夜枕合戦記』で建礼門院を演じる（鵜飼邦彦）▼ジェームズ・スチュアート、来日!!（編集部）▼アンディ・ウォーホル＝ファクトリィ来日！（安渕聖司）▼こんな映画観てますか？『罠』（伊藤勝男）▼読者投票による77ベスト・ムービーズ、ベスト・アクター＆アクトレス（第1回）開票速報。その他……。

◇

以上に前号で発表した「読者投票76年度ベスト・ムービーズ」の表彰式レポート（写真・前田康行）が加わる。2ページに詰め込んであるのだが、見ながらまた涙にむせてしまった。トロフィーは高田馬場にあったトロフィー屋の〝出来合い〟に賞の文言を台座にはめ込んだものだったが、ささやかな映画賞なのに業界の映画人や知友がかくも盛り立ててくれたのかと思うと、もう感謝、感謝で、これもMMの希少なハイライトなのだった。

この号でも前田康行さんの、まるで専属カメラマンの如き頻出に恐縮する。謝礼はたった一度、微々たるものだけだったはずで、結婚して故郷（確か、北関東？）にUターンするという氏に送別会の一つもしてあげられなかったことに胸が痛む。お元気だといいのだが……。

今回は、やたら、感傷に陥ってしまった。

第7回

第13号が素晴らしくないか？

全31冊総目次（その4）

（二〇一五年七月十五日）

せっかく好機を頂きながら、数号パスしてしまい申し訳ありません。目次を単に引き写すだけのことが、何ゆえ手間取るんじゃ……引き写すだけだから気後れする？　……じゃ何か足せや！　……面倒？　……ハイ、怠けぐせが、ついとるだけ、で！

気を取り直し、起床→柔軟体操→ウコン茶一杯→仏壇の線香上げ、と朝の手順をへて、いざ、パソコンに向かったら、たちまちジャマが！

「本の雑誌」完全復刻版・創刊号～10号BOXセットが届いたのです。本体5000＋税という高額なものが何ゆえ私ごときに恵贈があるかと言えば、第10号にムービーマガジン（以下、MM）の広告があるからで、この春先、復刻許諾の問い合わせがあった時にはいたく恐縮。交換広告の出稿元にまで許可を得るきめ細やかさ、または用心深さ？　そういうご時世なの？　同社には顧問弁護士でもいるのかしらん？　いそうですね（常連執筆者にその方面の盟友がいましたね）。

ということは、全10巻の小文の書き手にも、全部許可を取ったわけで、思うだに気が遠くなる。各人の消息を突き止めるのは大仕事のはずで、忘恩の徒である私など、これでも世を忍び底辺に逼塞している（つもり）なのだが、よく私のところまで、と驚いた次第。そっか、「映画論叢」を目に留めて下さっているんですね？（そういうことにします！）

というわけで、MM目次の引き写しをついワキにして、「本の雑誌」のページを繰り始め……売れる雑誌、続いた雑誌は出発時点からやはり違うんだなぁ、と感慨に打たれてくる。ユーモアがある、つまり余裕が。批評・批判に皮肉や嫌み、婉曲のたぐいがない。

第2号「抒情詩の衰退と並行して肉体〈ボディ〉をもった詩人が現れなくなった」というタイトル、文中の平出隆、荒川洋治批判はなお新鮮では？　書き手の清水透は、清水徹とは別人らしい。その記事の最初のページ右端、3分の1の縦長広告マスに、同社のアナウンスメントがある。

「『本の雑誌』は与えられた面白さではなく、本当に面白い本だけを貪欲に探している活字バカのための雑誌です。面白いということはひとつの価値なのです。それ以上の意味づけは必要ありません（云々）」。

本と映画の違いはあれ、MMの志向したのもこれに尽きるはずなのだ。〝与えられた面白さ〟とは、実は面白くないのに教養主義的読書が邪魔してしまう、その偽善性を指すのだろう。

第5号には高平哲郎「みんな不良少年だった」（白川書院）を、無署名の短評で取り上げ、「高平を困らせた藤竜也の章が一番面白く、高平自身の文章が埋まっている植草甚一、佐藤B作の二章がつまらなかった」と。

藤竜也インタビューは、ご案内のように本誌第9号が初出です。ありがとう。いや、礼言っちゃ差し障りがあるか（後段が！）。

第10号（78年10月刊）では「いま日本の雑誌はどうなっておるのか！」座談会で81誌が俎上に。映画雑誌では、「キネマ旬報」、「スクリーン」、「ロードショー」に続いて、その周縁誌としてだろう、「ぴあ」、「シティロード」が取り上げられており、「シナリオ」誌、「映画芸術」（休刊期間［現在は発行中］）、わが（！）「ムービーマガジン」がシカトされてますが、右の俎上中、現存はキネ旬の２誌だけ、に胸をつかれた。

「本の雑誌」中の交換広告や、本文で取り上げられている雑誌の数々にも、今はないもの数多！　つまり雑誌とは〝消える〟のが普通で、持続しているのは奇跡のようなものらしい（救われますな、私あたりには！）。

さて、くだんの第10号の交換広告だが、A5判型の横3分の1サイズで、その文言の一部に、「面白さをこんなに詰込むのは出版の常識を破壊するもの！　と槍玉に挙げられた話題の雑誌‼」と…。槍玉に挙げられた？　どこで？　まあ自作自演てとこでしょうが、このノリ・ノリ、自分じゃないみたいです。

◇

かつての競合誌（！）への嫉視に費やしてしまったが、前回、第12号で終わっているので、今回第13号からなのだが、実はこの号の手持ちがなく、早大演劇博物館図書室には折に触れ行くのだが、どうもMMをコピーする気分がね。質に流れたのを取り戻すよりみじめだ。

悶々としているところへ、思いがけない救世主が。MMはネット価格で何千円するのもあるらしい、と家人が旧知の女子会で洩らしたところ、一人が、あらァ、ずうっと以前に処分しちゃったわ、とおっしゃる御仁がいる一方、自分のところには全号揃ってるはず、と申し出てくれた方がいて、それを当方に譲ってくれたのだ。全号揃ってなくてすみません、の詫び状を添えて。

全17冊で、第13号も含まれ、拝んで頂戴しました。13号が手元にないのは、完売したから、と書ければいいのだが、売れ残りを裁断しすぎたから。残本（残雑誌というのかな）は場所ふさぎになるから、傷ましくも裁断に回してしまうわけで、その際、それなりの数を手持ちに残したはずなのだが、いつの間にか……。

この第13号表紙、傑作と思いません？（ノリ・ノリです！）

ピラニア軍団16氏のポートレート・イラストをピンナップのように留め、メインのインタビュー田中邦衛（のポートレート）がピンナップ群の枠を外して、右上からやや下方を見やるように配されている。

計17氏の特徴が実によく出ており、その顔を細見しながら涙がこぼれそうで困った。ピラニアの面々は決して均一でなく、サイズや配置に微妙な気配りが感じられ、彼らの目線から察するに、独立的に描いていったのでなく、全体が一幅のものとして描かれたと思しい。白のバックに、ピンナップは黄色地、イラストは濃緑色、ロゴタイプは赤、といった明るい色どりで、全体がホップな心地良さだが、往時の私は今のようには心騒がなかったかも。

イラストの本山賢司さん、デザインの木下利幸さんに、大感激を伝えるどころか、白地の表紙って汚れが目立つから、返本されてきたものは売りものにならないんだよねェ、とか不平がましいことを言っていないだろうか？　背筋に冷たいものが走るのであります。ごめんなさい。本当に恩知らずで、お詫びの言葉もありません。

そして、内容がこれまた熱い！（今回の私は歯止めがきかないらしいです、近いのかも、来世が）。これまた私の力量ではなく、高平哲郎さんの恩恵に与るところ大でありまして、氏ありてこそ、のMMだったのだ。

第13号を押し戴くようにページを繰って行くと、写真のキャプションに〝「唐獅子牡丹」を歌う中村稔侍〟と。アホ！　氏が敬愛してやまない健さんバリに、もろ肌に緋牡丹（？）の刺青で熱唱する小林稔侍さん、お許しを（本文の深作欣二監督によれば、音を全部ハズしていた、と）。

●第13号

1977年8月1日刊、230円（安いッ！）、送料120円（現在とそう変動ないですね）。

隔月刊、偶数月26日発売、と守れそうもないことをなお明記し続けるのは、鉄面皮だが、そうでもしないと、自分の中でいよいよ放縦になってしまいそうな、その歯止めにすべく記したのでしょうね。

　創刊2周年記念企画号を謳い、「編集後記」にこうある。

「この間、10号記念号と表紙に刷り込んだばかりなのに、2号おいて、今度は2周年記念と来るのだから、よほど記念好きと思われるかも知れません。特別号ふうに装お（〝お〟は不要）えば少しは売り上げにつながるかも、なんて助平心も働いているでしょうが、実際のところ創刊の頃の7倍近くふくれ上がった発行部数に、感慨（概と誤植）もあるのです。しかし資金繰りはちっとも楽にならないなあ。（U）」。

　7倍近くふくれ上がった、はハッタリでなく事実だったはず。

◇

　さて目次ですが……▼第1特集（と記しているわけではないが）は「勢揃い！ピラニア軍団」（感嘆符！が、ガムのように膨らんでいる）。「ピラニア軍団と私」深作欣二／「俺ら黙ってお星様見ていた。お星様も黙って俺らを見てた」三上寛／〝ピラニア軍団16氏インタビューと写真〟写真＝糸川燿史、インタビュアー＆構成＝谷口秀一・高平哲郎▼第2特集（同前）は「田中邦衛インタビュー～『純愛物語』から『黒木太郎の愛と冒険』まで」インタビュアー＝高平哲郎、写真＝田辺幸雄▼対談「小林旭vs赤木圭一郎」＊むろん、冥界とのフェイク対談で、書き手は高平哲郎さん。今のご時世なら俳優の所属事務所あたりを懸念して慎重になるかも。小さな雑誌と言えど、今はなんであれ直ぐ〝抗議〟という趨勢ですから。▼「エリオット・グールド in Haneda」写真＝前田康行　＊『遠すぎた橋』キャンペーンで、グールドが来日すると知り羽田へ。そういうファイトが当時あったんですね、私に。名優グールドは羽田でもみくちゃに、と思えば、来たのはウチだけ！　国辱ですな。MMの独占記事、ざま見ろって！（記事に内容ないけど）。▼「若き映画スターたちの肖像」（スター論です）桜田淳子（書き手・吉岡和夫）／岩城滉一（篠田礼）／風間杜夫（北川れい子）／原田美枝子（野原藍）／佐藤佑介（大森さわこ）／江藤潤（黒田邦雄）／秋吉久美子（佐久間聖司）▼「『ウディ・ガスリー　わが心のふるさと』が現れるまでの音楽家を主人公にした映画50本とその考察」伊藤卓▼「映画天狗道場・第3番─批評家の手帖から」松田政男▼「映画論壇時評─映画をめぐる犯罪的饒舌と批評と」山根貞男▼「この鞭に愛をこめて─日本映画斬り捨て御免」伊丹詮作▼「こんな映画見てますか？『皆殺しハンター』」伊藤勝男▼「読者投票によるベスト・ムービーズ、ベストアクター＆アクトレス77年度開票速報Ⅱ」中間発表で、作品部門は表組み。俳優部門ともども3位までをここに転記すると……日本映画は『突然、嵐のように』『悪魔の手毬唄』『やくざ戦争　日本の首領〈ドン〉』の順。外国映画『戦争のはらわた』『キャリー』『激走!!5000キロ』。俳優部門は邦洋の別なく、男優は郷ひろみ、高倉健、原田芳雄の順。女優は秋吉久美子、桃井かおり、ソフィア・ローレン▼「LETTERS」（読者投稿欄）は今号も巻頭2ページを飾る。松本市の読者が、映画館の初日で2度も一人で観た報告が載っている。当時もうそうだったんですね。▼目次デザイン・本文レイアウト＝落合紀夫

◇

　第一特集に戻ると、「ピラニア軍団16ピキ大行進」公演（77年5月5日、大阪・御堂会館）を中心にした内容。公演の構成・演出＝深作監督の文章も、レコード「ピラニア軍団」（キングレコード）のプロデューサーを中島貞夫監督と務めた三上寛のそれも、涙なくして読めず。軍団の写真がまた、まことに感動的だが、本文印刷を少し強く焼き過ぎて当初の効果が上がっておらず、大阪在住の写真家・糸川燿史さんにはさぞ、ご不満だったと思うが、大阪のご自宅でご夫妻とお目にかかった際、不満など一切口になさらず歓待して下さったことが思い出される。それきりになってしまったが、お元気でいらっしゃるだろうか？

第8回

「観覧車」創刊号とＭＭ第14号

全31冊総目次（その5）

（二〇一六年六月二十五日）

またまた数号休載し、申し訳ありません。この連載（！）2回目の見出しは「観覧車からムービーマガジンへ」だったけれど、「観覧車」への言及が立て続けに日に留まって、我にもあらず感慨にふけるこの頃です。

一つはキネ旬3月下旬号の坪内祐三、高崎俊夫氏の対談「映画雑誌をめぐる果てのないおしゃべり」で、坪内氏は「ぼくは山田宏一さんって『キネ旬』より『観覧車』の連載で意識したんですよね」と。身が縮みます。以前にも坪内氏は「観覧車」へ言及している、とこの対談担当のキネ旬編集部、寺岡裕治さんに教えられた。

もう一つは（他誌でも少し触れたけれど）青木圭一郎著「東京の映画　映画は名画座」（ワイズ出版4月15日刊）に、なんと、「観覧車」創刊号表紙が載っていた。当事者が邪険にさえしてきたものを、見も知らない方が秘蔵していて下さっていた驚き！

著者は〝最も早く映画館地図を掲載したのは月刊の「観覧車」〟とまで、身に余る指摘をして下さっている。私は昭和38（1963）年2月9日以降、東京が生活基盤だが、上京時、映画館を探すのに手間取った苦労が地図に至ったのだと思う（創刊時、参考にしたロンドン「タイム・アウト」やパリの「パリスコープ」もマップあたりだった記憶だが……）。

「（観覧車が）いつまで発行されたのかも確認できていない」と青木氏。当事者も右に同じ！余命あらば、家中を引っくり返し、「ムービーマガジン」（以下、ＭＭ）ともども探し出そうという熱意（！）に燃える「観覧車」表紙との〝再会〟でありました。

この度の発掘（！）を機会に、ＭＭの前身（？）たる「観覧車」創刊号表紙から語り得ることを記しておきたい。表紙は『ジーザス・クライスト・スーパースター』（日本公開73年12月22日）のスチルを使用。キリストと彼を取り囲んだ群衆を俯瞰し、そのシーンのどよめきが伝わってくるが、それは創刊の士気（志とまでは言いますまい）まで伝えるよう。表紙デザインは串田光弘さんのはず。

誌名に〝めりいごうらんど〟とルビが振られ、誌名の下に。〝映画・音楽・演劇案内〟とあって、執筆者やインタビュー（と思われる）で登場する人物名が並ぶ。増村保造、池辺徹、中川梨絵、林光、田川律（ただす、だが、その後、りつ、で流通）、原田茂生、高垣健、串田孫一、城戸禮、木村重雄。今思うと目のくらむような陣容。さっきは〝士気〟で済ませたが、やはり〝志〟（手前ミソながら）がしのばれずにはいないです。

この陣容で本誌読者に今、説明が必要かもしれないのは次の方々か。池辺徹氏は当時、朝日新聞で映画評を担当しておられた方で、新聞映画評らしからぬ名文に感銘、原稿依頼に社を訪れると快く引き受けて下さった。原田茂生氏はバリトン歌手、木村重雄氏は音楽・演劇評論家。こういってはバチが当たるが、木村氏はかなりの悪筆で原稿判読に難渋。三谷禮二さん（後年のオペラ演出家）に、彼の悪筆は有名だよ、と言われたものだ。パソコンなどない時代ならではの回想。

城戸禮は赤木圭一郎主演『拳銃無頼帖』シリー

ズ（60）など日活アクション系作品の原作者としてお馴染みだろう。筆名が〝気取れ!〟に由来するのも知られていようか。

ちなみに前記、青木圭一郎氏が赤木圭一郎のあやかり筆名なのは一目瞭然ですよね（青木は本名とのこと）。

串田孫一先生はむろん、哲学者、エッセイスト。ご長男、和美《かずよし》（演出家・俳優）、ご次男が前出、光弘さん。ご子息たちとのささやかな交わりから、私は厚かましく小金井のご自宅に参上、当方の内容希望を伝えた。書評などを盛り込んでいただけないか、と私は言ったはずで、偉ぶらない温厚なかたで「そうねえ、書評って大変なんだけれどねえ」とおっしゃったが、初回の原稿にはちゃんと書評を加えて下さった。

書評が（映画評、劇評などと違って）大変なのは、後年、私も身をもって知ることになるのだが、谷中霊園に行った際は串田家のお墓にお参りして、無作法を詫び、旧恩を感謝しています。

中川梨絵はむろん、ご案内だろうが、当時のスタッフ、北風哲さんが彼女の熱狂的ファンで勇躍、原稿依頼に参じたと思う。

高垣健氏が思い出せず申し訳ないがネットを検索すると、サザン桑田らの初期からのプロデューサーとしてのお名前が出てくる。この方の可能性はありそうで、思えば、わずかな手蔓を頼りに、作法もあらばこそ、アタックしていったわけで、しみじみ世間の寛容さに落涙を禁じ得ない。原稿料、ずっといただいていませんよね、と池辺氏に言われたものだった。MMになっても、当方のそんな蛮勇は変わらなかったろう、と思うと気が滅入るが、さて、MMの総目次を続けねば……。

● 第14号

1977年10月1日刊。230円（やっぱり、安いですッ!）、送料120円。表紙デザイン＝木下利幸、目次・本文デザイン＝落合紀夫、写植＝工房おちあい、印刷・製本＝東銀座印刷出版株式会社。

▼表紙はいつものように、本山賢司さんによるイラストで、若山富三郎さんの顔が全長の大部を占めるデフォルメ性の強いもの。こわもて系でなく、『緋牡丹博徒』『シルクハットの大親分』の〝熊虎〟系という把握だろう。ユニークな一枚。当然、メインのインタビューは若山で、インタビュアー高平哲郎、写真・田辺幸雄のMM人気コンビ。細字で2ページ余のフィルモグラフィ作成は生嶋猛さんだが、目次で記載漏れ。ごめんなさい、生嶋さん。▼続いて、松田優作インタビュー。インタビュアーは加藤芳一（後年の演劇人）、写真は田辺幸雄。確か（事後に聞いたのだが）、インタビュー中、優作氏の気分が損なわれ、芳一さんの〝師匠〟高平哲郎さんが駆け付けて、無事、インタビュー終了という一幕があったと記憶する。優作氏は、岸田森、樹木希林（当時は悠木千帆）、草野大悟らを擁する六月劇場（劇団であり、俳優マネージメント）の佐藤さん（下のお名前失念、すみません）がマネージャーだったはずで、氏には私も以前より面識があり、後日の電話で、スターを大事にしてやってくれ、と言われたのではなかったか。思うだにあの頃、岸田森も大悟氏も、むろん優作氏も存命だったのだ（飛躍するが、亡弟や父の叔父夫婦、父のいとこの墓参りをここしばらくしていない、と思う。優作氏と同じ西多摩霊園なのです）。掲載写真では、顔を横向きにレイバン（でしょうね）の優作氏が樹に寄りかかって、右足を左足にあずけるように立ち、唇をいたずらっぽく突き出して、手にタバコ、前をはだけたスーツに太めのタイは、田辺さん会心の一枚、スター写真として逸品では! 歩くキザ、がサマになる俳優だった、とつくづく思う。▼この号はインタビュー3本立て。「長谷川和彦、パリ特別インタビュー」の取材者は小松沢陽一氏で、後年、ファンタスティック映画祭などに係る方。デビュー作『青春の殺人者』（76）がカンヌ出品、その帰途パリに立ち寄った監督にインタビューしたもので、見出しは「俺は今、日本で一番の監督だと思っているよ」。たった1作で、この怪気炎!▼桂千穂さ

んによる「戦後焼け跡の時代活劇」連載7回目は〝東宝の剣豪たち〟で、東宝はマジメ時代劇が主流だが、下請けに娯楽作を作らせる内、大谷友右衛門（後年の4代目中村雀右衛門）主演、『佐々木小次郎』3部作（東宝・森田信義プロ提携50〜51年）が起死回生の大ヒット、と歴史を辿る。スチルの豊富さは、隔世の感。この連載は単著としてまとめられる話もあったと思うが……。▼「若き映画スターたちの肖像・第2回」では、「軽やかな精神、躍動する肉体」と題して草刈正雄を長崎行男さんが、「〈少年の未熟さ〉ふたたび」と題して佐藤佑介を大森さわこさんが、それぞれ論じている。▼黒田邦雄氏の「ドロンばかりがスターじゃない」第7回は山口百恵と片平なぎさ。イラストも俳優論も秀逸。▼松田政男氏の「映画天狗道場・第4番─問答有用の形式で」は読者からの4通の問いかけを俎上に。その1通は『絞死刑』（68）を観て、松田さんが評論家になる前は役者だったと知った、と。投書のヌシは誰あろう、鈴木義昭さんで、むろんルポライターになる前のもの。▼山根貞男氏の「映画論壇時評─映画がなめられている映画の現在」では、加藤周一の「映画渡世」書評や「ユリイカ」誌の映画特集が槍玉に。▼伊丹詮作氏「この鞭に愛をこめて─日本映画斬り捨て御免」は「FIVE RANKING」に模様替え。伊丹氏に塙さくら（誰？）を加え、新作が鶴・亀・松・竹・梅の5段階で寸評されています。▼伊藤勝男氏の連載コラム「こんな映画見てますか？」は埋もれた秀作、珍品の発掘で、今号は『進撃！0号作戦』（73）。前振りで若い読者の〝異見〟にキャリアを超えて回答。▼生嶋猛さん「日本製テレフィーチャーは、本格的出発をしただろうか？」では、その未来が悲観的に論じられる。▼北川れい子さん「男たちのためのセックス・シンボルについての研究＝番外篇／たそがれのポンコツ・ヒロインたち」は、ある男性著者の新刊書での〝こだわり〟を揶揄。編集者ともども、この著者にすっかり疎まれてしまう。▼山本晋也氏「ガリヴァーから性典まで」は映画を介した我が〝ヰタ・セクスアリス〟です。▼西脇英夫氏「ピラニア軍団を考える」は、〝軍団〟ブームへの疑義を呈したもの。▼「BOOK」では、マキノ雅弘「映画渡世・天の巻」を桂千穂氏が、「（ジャン・）ルノワール自伝」を手島修三氏が書評。▼「映画風土記」は『神々の深き欲望』（68）などのロケ地の一つ、沖縄・石垣島の映画（館）事情などを記したもの。毎回、所と筆者を変えた連載コラムにするつもりで、一番バッターを私自身が務めたが、後続無く、これきりに。自分のものを今読んで、思いがけないのは、ＴＶが入ってくる前に我が故郷、石垣島の映画館の閉館は始まっていた、と。人口5万の地に戦後、映画館8館、芝居専門2館（の興亡）があったことを思うと、昔はどこも（ミニ）浅草だった、と泣けてくる。▼中津涼さん「町の映画館へ」は投稿。各地での映画館巡りある記で、浅草六区を熱っぽく記すが、先日のGW中、私は必要あって浅草に赴き、浅草ブロードウェイ通りとかいう怪しげな名称の一角をひょいと歩くと、中心部の異様なまでの賑わいから完全に取り残されていて、めまいを覚えた。中津さんの記している大阪、神戸の地も、もう似たような状況だろう。今さら驚くなよ、と言われるか。▼よこたひさこさんの4コマ漫画「ＲＯＶＥＲ君だよ！」では、映画『ベンジー』（74）の観客が笑い転げるのを傍目に、犬のＲＯＶＥＲ君が、自分たちの苦しみがわかってたまるか！ 泣きながら見ているのだった。▼「読者投票によるベスト・ムービーズ、ベスト・アクター&アクトレス77年度開票速報Ⅲ」は同年3回目の中間発表で、『突然、嵐のように』、『戦争のはらわた』、郷ひろみ、秋吉久美子の各部門1位は揺るがず。▼「LETTERS」（読者欄）は巻頭3ページを飾る。ＭＭへのお励ましも多々あるが、映画を観た時の（多様な）経験はやはり宝なんですね。▼試写招待7作、劇場招待1館、計７６０名ご招待。前にも記したが、業界の気前の良さに篤く、篤く感謝します。▼編集後記では「皆さんのご近所で、ＭＭを置いてくれそうな書店を紹介してほしい」と呼び掛け、格段に大きな字で「ＭＭの次回発売は10月26日です。今度こそ無駄足をかけません。――お見捨てなく」と懇願。〃おかけしません〃と記すべき。同ページに、ＭＭに恵送のあった映画ファンジンが列記されており、その多さに感激させられる。「ぴくちゃあ」「キネ魔」「映画雑徒」「視音魔」「蜃気楼」「マイノリティ」、加えて竹中労氏による「冥府通信」。

第19号まで取り上げるつもりが、14号のみで力尽きてしまった。ＭＭ編集発行人という立場で記しているつもりが、擱筆時点では、すっかり愛読者気分！

第9回 ＭＭ第15号は自信号？

全31冊総目次（その6）

（二〇一六年六月二十五日）

『なりゆきな魂、』（超のつく傑作でした！）の試写会場で、丹野達弥本誌編集長に耳打ちされた（２０１６年11月17日）。この連載を待ちかねている読者がいますんで休載のないように、と。またまたァ、うまいんだからァ、と思う一方で、ほんとぅ？　待ちかねている人がいようがいなかろうが、休載は任務放棄なので、いけませんです。まるで待ちかねていない読者にも何が何でも読ませてやるッて気概が欲しいよね、とわが身に言い聞かせる年の暮れ、未知の方から電話があった。「ムービーマガジン」（以下、ＭＭ）についてコラムに書いたので1月15日頃発行予定の掲載誌を送りたく、住所を確認したい、と。当時の読者だと言い、届いたのが「特選小説」3月号。〃官能読み切り13作〃掲載を謳う。ＭＭを記して下さるのに何と理想的な雑誌だろう。矢吹博志さんとおっしゃる方の執筆「懐かし誌クロニクル」１９７７年編として、川谷拓三さんの似顔絵表紙の第10号が、「奇想天外」「ＤＡＢ ＤＡＢ〈ダブダボ〉」誌と〃並び〃で紹介されているではないか！　光栄すぎます。

さて、第15号はＭＭのほぼ折り返しだったことになる、全31号までしか出ていないのだから。そして、手前味噌にご寛容頂けるなら、復刻したくなる1冊。

●第15号

２３０円。表紙には、〃77年12月〃の表示も添える。奥付は〃12月1日発行〃で、発行日表示の先取り（業界慣例の新鮮さ延命術）を踏襲しつつも、その先取りに間に合わせることができないＭＭではあったが、この号はこの日付の半月前には店頭に出ていたのでは？（理由は後述）

第15号は表紙こそ、ジョージ・ケネディ（角川『人間の証明』10月8日公開の前宣伝で来日）と、清水健太郎さん（東映『ボクサー』主役、10月1日公開）のイラスト（本山賢司さん）だが、最も紙幅を割いているのは東映久しぶりの時代劇『柳生一族の陰謀』（78年1月21日公開）に連動したもの。「（『仁義なき戦い』〈73〉では）会社全体が異様なほど戦闘的熱気を吐いていた。いったいこのようなことは、私の経験において後にも先にも時代劇『柳生一族の陰謀』（78）くらいのものだった」（映画惹句師・関根忠郎氏の連載コラム、「文化通信」。２０１７年

1月号）と回想されるように、東映本社宣伝部の『柳生一族の陰謀』熱気の驥尾《きび》（！）に付した誌面なのだった。東映宣伝部の肝いり、そのお手配あればこそ、京都投宿中の深作欣二監督インタビューを可能にしただろう。

高平哲郎さんのインタビューも素晴らしいが、大阪在住のカメラマン、糸川燿史さんが第13号〝ピラニア軍団〟に続いて腕を振るって下さった。関係書類などの散らばる座敷でステテコの両足を座卓に投げ上げ、頭に手ぬぐい（？）のハチマキ、くわえタバコでコロンと横になった姿勢で資料らしきものを読んでいる監督。画面の端に日本刀が一さしあって、その対抗ページでは深作監督が庭で抜刀している。取材へのサービスもあろうが、刀の（ちゃんばらの）身体感覚をつかみ取ろうとする姿勢に心打たれてしまう。人気のない通りや近くの神社横を着物で散策する姿もなかなか色っぽくて、女優たちが監督になびいていったのも納得できる。

西脇英夫さんの「かつて東映にもニュー時代劇があった」は時代劇の横に〝アクション〟のルビが振られており、日活ニューアクションを踏まえたシャレ。西脇さんは各社の時代劇の推移を検証し、東映時代劇は『天草四郎時貞』（62・3・21公開）の試練を経て（愚作だが、と氏）、笠原和夫脚本『祇園の暗殺者』（62・6・17公開）がターニング・ポイントとなって集団抗争時代劇→東映ニュー時代劇（アクション）が開花とする力作評論。『祇園の暗殺者』に関して笠原和夫は共著書「昭和の劇」で内出好吉監督への不満を述べていたと想うが、その発言後、私は中野武蔵野ホールで初見して、もっとアナーキーに撮られておれば、と笠原氏の無念が了解できた。

横道にそれたが、この特別企画「時代劇の復活」の三つめは、「戦後時代劇ベスト・テンを選ぶ」で、小誌が29氏［赤塚不二夫・秋元鉄次・浅井慎平・生嶋猛・井家上隆幸・伊丹詮作・鵜飼邦彦・大林宣彦・小田克也・桂千穂・高信太郎・小林信彦・高平哲郎・滝沢一・竹中労・田辺幸雄・喰始・鳥羽幸信・永田哲朗・西脇英夫・平井輝章・深作欣二・富士田元彦・松田春翠・御園京平・山田宏一・山根貞男・山根伸介・吉田智恵男］の情熱的ご回答を頂けたのは、『柳生一族の陰謀』によって時代劇再来なるか、の熱気のお陰であろう。結果は『七人の侍』『十三人の刺客』『宮本武蔵（東映）』『血槍富士』『関の彌太ッぺ（東映）』『次郎長三国志（東宝）』、『用心棒』『座頭市物語』『切腹』『幕末太陽傳』の順で、監督別得点では、黒澤、吐夢、三隅、マキノ、大輔、工藤、泰、耕作、正樹、雄三。

回答者に失礼にならなければいいが、発行後、『雨月物語』や『近松物語』が挙げられているのを見て、ああいう作品は時代劇ですかねェ、と疑義を呈した投票者がいらっしゃって、勉強になった。確かに、『羅生門』は時代モノでなく、王朝モノとする見解もあり、時代モノと時代劇映画は同一ではなく、時代世話という区分けもあるのだが、映画が（日本の）演劇様式の影響下から逃れ難くあるならば、『雨月』『近松』は、チョンマゲをしているからといって、世話モノが適切なのかも。

余談ながら、〝時代劇愛〟を記した近年の本で、忠臣蔵モノは嫌い、云々の一節に思わず笑ってしまったことがある。忠臣蔵が嫌いなら、それはとりもなおさず時代劇が嫌い、に他ならない。お家騒動こそ、時代劇の真骨頂で、忠臣蔵はその聖典のようなものだから。また、横道してしまったが、この特集の心残りは沢島忠監督への取材（ないし論考）をしなかったこと。時代劇監督として敬愛してやまない方なのであります。

そしてもう一つ、このベスト・テン中の高信太郎さん（漫画家と記すまでもないだろうが）の回答の、コメント部分を特集ページ内に収めきれず、巻末に飛ばしてしまったこと。今の自分なら絶対しない〝分離〟で、高信太郎さん、お許しを！

さて、本誌名物インタビューだが、前述の清水健太郎（インタビュアー加藤芳一）、ジョージ・ケネディ（高平哲郎）、写真はいずれも田辺幸雄で、ケネディ氏に頂いたサインも掲載（同氏死去の折、キネ旬の拙連載コラム「香華抄」で再掲載した)。

　加えて、アンナ・カリーナ＝インタビューはパリからのもので、インタビュアーは小松沢陽一さん。有福利和氏の写真も小松沢さんの手配によるもので、有福氏に当方はご面識なく、今日までお礼を言いそびれています。

「映画のスタッフたち」は松竹『八つ墓村』大ヒット(77・10・29公開)のあやかり企画で、同作の川又昂(撮影)、森田郷平(美術)、山本忠彦(録音)、小林松太郎(照明)、吉岡博史(製作)、野村芳太郎(監督)の6氏のンタビュー構成で計5ページ。むろん、松竹宣伝部のご高配あって実現したもので、じっくりインタビューではないが、まとまりとして、興味深いと思う。末尾に、ショーケン[萩原健一]談話(数行)のおまけも。

　論考では「『北村透谷　わが冬の歌』菅孝行＝脚本を読む」を津野海太郎さん(演出家から評論家へ、元・和光大学教授)が書いて下さっている。かつてのご面識を頼りに厚かましく執筆をお願いした次第で、この頃、クソ度胸があったのは気持ちの高ぶりの産物心なのだろう。

　同じく、かつての面識で、田川律が「戦争に負けたことのない国が作った映画『スター・ウォーズ』の鑑賞のしかた」を寄稿。この映画の日本公開は78年6月24日だから、早い時期の論評だろう。田川さんは77年8月にアメリカで観ているのだが、アメリカは「正確には、ベトナム戦争には負けているのだから〜負けたことを認めたくない国が作った映画」と本文でタイトルを補足。こう見てくると、『北村透谷〜』(77・12・7公開)、後述の『特攻任侠自衛隊』を含め、MMがこの年の複数の評判作に対応できたのは多くの方々のご厚情の賜。

　さて、この号のハイライトの一つが、鈴木清順監督と三谷禮二(オペラ演出家)の対談「清順映画とオペラ」である。この対談は三谷禮二「オペラとシネマの誘惑」(清流出版)に再録されているから、そちらに当たっていただくとして、15号本文2〜3ページに三谷演出、二期会公演「蝶々夫人」(77年11月14〜17日、日生劇場)の見開き広告があり、これが冒頭に記した、発行日付より半月は早く出たのでは、の根拠なのである。

　むろん、広告費を頂けるほどの雑誌ではなく、自発的なもので、広告制作はむろん二期会の手になるが、今回この広告コピーを読みながら胸迫ってしまった。〝これは、映画の広告ではありません。オペラの広告なのですが、映画ファンにもぜひ見ていただきたいと思っています!!〟というキャッチがページをまたいであり、舞台イラスト(障子、たくさんの日傘、〝二重〟月、桜らしきものなど日本的道具立て)の上方にかぶって、演出家の弁がある。「この舞台は、ぼくにとっての『映画に愛をこめて　アメリカの夜』(73)です。生れてからの僕の映画への情熱、音楽への情熱、そして舞台裏で経験してきた興奮の集積を、一本のオペラに注ぎ込んで作りました」と。そして、その弁を補うような解説が活字のポイントを落として掲載。「三谷演出による『村医者』(ヘンツェ)はロベール・ブレッソンに、『魔笛』はバロン吉元に、『ボエーム』はルネ・クレールに、そして――この手垢にまみれた標準的名作『蝶々夫人』は何と、鈴木清順に捧げられたのです」と、二期会らしくない文章で、どなたの手になるものか、今となっては思い出せない。護国寺に眠る三谷さんの墓参をつい先延ばししてきたが、27回忌(歿後満26年)の今年こそ、ご命日(3月20日)前後を期して必ず参ります(三谷さんの禮二の表記はその後、禮二に固定された)。

　15号では他に、伊藤勝男さんの「こんな映画見てますか?」が『4匹の蝿』(71)を紹介。飯島洋一さんが自らプロデュース・共同脚本・主演した『特攻任侠自衛隊』(土方鉄人監督)を〝自主製作映画の基本的なスタイル〟の最後の仇花と位置付けている(この後のことになるが、78年2月の凱旋上映が大ヒット)。

　書評では小野耕世さんが「日本アニメーション映画史」(山口且訓・渡辺泰＝著、有文社)を取り上げ、アニメへの世間的軽視に言及、隔世の感がある。今やアニメで持つ日本映画界だからだが、批評の現状は変わらず？　その他、伊丹詮作・塙さくら「FIVE RANKINGS」の5段階評価（松・竹・梅・鶴・亀）が、2丁拳銃使い、1丁拳銃使い、遊園地の木馬、矢に射抜かれた男の頭、首を吊られた男、と西部劇仕立てのイラスト（本山賢司さんに間違いあるまい）に変更。取り上げている21作中、最高位の〝2丁拳銃〟は『新宿乱れ街　いくまで待って』（77）1作のみで、最多は最下位の〝首吊り〟9作。今回もまた、1冊のみの紹介に終わってしまった。

第10回

自信号が陸続と？

全31冊総目次（その7）

（二〇一七年七月十日）

●第16号

いまだ230円！

78年2月発行。〝特集・女優、浅丘ルリ子、バーバラ・カレラ、山口美也子、そして桜田淳子、他女優についての読み物〟と表紙に謳う。ムービーマガジン（MM）がこれまで男優路線だったのは考えあってのことではなく、たまたま。ただ、女優は（所属事務所の）守りが堅かろう、申し入れを受け入れてもらえそうもない、という当初からあきらめムードがあったのは確か。

浅丘ルリ子さんは、このインタビューの冒頭、「何度も、取材のお話を頂いていたそうで、すみません」とおっしゃったのには大恐縮でした。3度ほどでしたかね、アプローチしたのは。今回もダメだろう、と思っていたのだが、望外にも、承諾のご返事。マネージャーの伊佐早さん、有難うございました。

高平哲郎さんのインタビューはこう締めくくられている。「45分間、ぼくは女優と同席した」と。この女優という語には、重みがいっぱい。

ところで、高平氏のインタビューに当初、私は同席しないできたが、田辺幸雄カメラマンに、同席したほうがよくないか、と遠慮がちに助言され、そうすることに。思えば取材相手へ雑誌としての責任まで、高平さんに丸投げしていたことになる！

浅丘さんが〝主人は〟と石坂浩二を呼び、今となっては感慨が沸くのだが、その際、私は口をはさんで、「TVで見たが、市川崑監督が石坂さんに、奥さんをどう思うかと問うと、妻としては問題があるが、女優としては大変尊敬する、と答え、では浅丘さんの方は石坂さんをどう思っているか、とさらに市川監督が尋ねると、その逆じゃないですか、と石坂さんは答えてらしたんですけれど……」と、浅丘さんの反応を私が窺ったくだりも高平さんは採録し、〝僕にはめんと向かってできない質問〟と高平氏。インタビュアーは図太いだけでは失格で、高平さんの繊細さに今更のように気づいたものです。井上梅次監督の浅丘ルリ子デビュー時の談話もあり、浅丘さんのフィルモグラフィ（生嶋猛・作成）に浅丘さんが感激する一幕も。

桜田淳子インタビューもまた高平さん、田辺さんコンビのたまもので、取材当日、私は同席していない。桜田さんインタビューに当初私は消極的だった、と高平さんは記す。ごめんなさい、桜田さん！「確かに無理して笑っていなくて、本当に楽しい」と自身を語るその表情のかげりのなさ。こういってはナンですが、後年の入信などよくよくのことか、と懐旧の念に打たれる。

バーバラ・カレラは『ドクター・モローの島』（77）宣伝で来日した女優インタビュー。同作配給の富士映画は松竹映配の後身で、何かと便宜を図ってくれた映画会社、と以前も記しただろうか。インタビュアーの宇田川幸洋さんの高揚ぶりが目に浮かぶ。撮影・前田康行さん。

山口美也子さんのインタビュアーは北川れい子さんで（ワイズ出版が本年刊行予定の北川さんの著書に収録されるはず「勝負　ニッポン映画評」2018年刊）、写真は、またしても前田康行さん。……と、なかなかオツな、印象が競り合わない女優の布陣（結果論にしろ）と言ってよいでしょう。

アンケート記事として、批評家、ライター、漫画家、脚本家、編集者など20氏「秋元鉄次・生嶋猛・伊丹詮作・上野昂志・宇田川幸洋・小田克也・桂千穂・北川れい子・北村孝志・黒田邦雄・小藤田千栄子・瀬下幹夫・高平哲郎・滝大作・長崎行男・細川布久子・前田康行・松田政男・安渕聖司・山根貞男」に回答してもらった「いま、最も素適な日本の映画女優10人とその代表作」を掲載。

加えて、北川れい子さんの断続的連載「男たちのセックス・シンボルについての研究――77年総まくり＝情熱的な肩の持ち主」、北村孝志さんの「群衆の中の一つの顔――あるいは可愛い悪魔たちとのめぐり逢い」があり、特集誌面は壮観です（パチパチ！）。

松田政男、西脇英夫、山根貞男、伊藤勝男氏の連載があり、毎日新聞映画記者・岡本博氏「映像ジャーナリズム」（その時点で2巻刊行、現代書館）にちなむ著者インタビューには、映画ジャーナリズム（の自由）について語ることの可能な時代だった、と今昔の感を催す。

読売新聞記者・木村英二氏「山田洋次『カルメン』と三谷禮二『蝶々夫人』」は両者のオペラ演出見比べ。

浜芳政「アメリカの映画観客のマナーがすっかり気にいって」や、高嶺敏夫・脚本監督による無窮舎「風色」製作に関する宣言と出演者募集の呼びかけや、『星空のマリオネット』（78）の橋浦方人監督インタビューがあり、同作評を桂千穂氏が寄稿。伊丹詮作、塙さくら両氏の「FIVE RANKINGS」、よこたひさこ4コマ漫画「ROVER君だよ！」ともども快調で、異色と思うのが「易占学により日本の中堅監督21人の未来を占う」で、易占学とは北仙なる筆者によれば「四柱推命、九星気学、五行、霊数、姓名判断、等を総合的に駆使した」もので、そんな学者（？）が身近にいて、面白ければ何でも載せちゃえという編集方針だったとはいえ、占われる方としては頼んだわけでもないのに大きなお世話なのだが、抗議を受けた記憶はない。某監督について、「金銭に対し節度を保つことも必要です」とは、ズバリ言い当てているような？

編集後記では次号から50円値上げの予告と、発行の遅れに対する「電話による抗議の声には、嘲笑をおびたものもあった！　笑われたっていいんだ、MMは不滅なのだから‼」と（よく書くよ！）。

●第17号

280円。前号から4ヶ月後、1978年6月刊。

「映画論叢」で（断続的ながら）連載がなければ、MMの過去など改めて顧みることはなかったかも、と感謝しつつ、本誌で回を追うほどに、ハイになり、自画自賛！

17号、グリーン地の表紙からして、しびれます！　メイン・インタビュー（インタビュアー・高平哲郎、写真・田辺幸雄、フィルモグラフィ・生嶋猛）の成田三樹夫さんをデフォルメしたイラストの表紙。ずっと、本山賢司さんのイラスト、表紙デザイン・木下利幸さんのコンビ。この、インテリ俳優の向うところ敵なしの観ある発言の数々よ！　未読の方は、高平さんの著書に収録されているはずなので、ご一読あれかし。こういう人物、身近に持ちたいもので、17世紀スウェーデンのクリスティーネ女王の言い草ではないが、冷淡な人間はめったに人を裏切らない、のではあるまいか。

冷淡とニヒルは違うが、俳優・成田三樹夫は、真にニヒルなのか、ニヒリストたりえようとしているのか？　その発言は悪意ならぬ、真意に満ちており、亡くなってだいぶたってから、東北の地に行く機会があった折、私が墓参に立ち寄る気になったのは、そういう敬意から。俳優インタビューがもう2本。「沖山秀子、ふたたび」は柳町光男・脚本監督、中上健次・原作『十九歳の地図』（79）に係るインタビューで、表題の〝ふたたび〟は、デビュー作『神々の深き欲望』（68）でのセンセーション、ふたたび起きよ、を体したもの。脚本第1稿を読み、監督にアドバイスしたら良くなった、とかいう彼女の無邪気な自慢も今となっては懐かしい。永橋和雄氏の写真がいい。

大森博さんインタビューは『新・人間失格』（78）主役との関わり。取材時点で映画はまだ完成していなかったらしいが、完成を待って記事にしていたら、MM発行のペースでは公開に間に合わない。ミニコミとはいえ。

少しでも興行に役立たねばという、いっちょ前の業界人間の自覚もあったわけです。大森博さんとは旧知で、ご存じのように本業は舞台俳優、現役です。写真・前田康行。

インタビュー記事がさらに一つ、山田宏一氏「友よ映画よ」（話の特集）にちなむ著者インタビュー。こういっては却って礼を失するようなものだが、どの業界であれ同業に同業者は厳しいものと思うが、山田宏一氏の映画的知性ほど同業者の信頼の厚いものを私は知らない。（映画）批評について回る便宜主義、排他主義、お追従などから全く自由な方だと思っております。

この号のもう一つの柱は東映の、というより日本映画久しぶりの本格時代劇大作『柳生一族の陰謀』（78）批評特集で、松田修氏「歴史ごろしと愛ごろし」と、山根貞男氏「映画『柳生一族の陰謀』を斬る」を掲載。後者など長編の大論文で、今頃申し上げるのは心苦しいが、感謝と申し訳なさに打ちのめされてしまう（ホントです！）。

読者投票による1977年ベスト・ムービーズ、ベストアクター・アクトレス表彰式レポートがあり、日本映画ベストワン『突然、嵐のように』（77）の山根成之監督が、同・音楽の三原綱木氏が、樋口清プロデューサーが、主演男優賞の郷ひろみさん（はテープで喜びのメッセージ）が、外国映画ベストワン『戦争のはらわた』（75）配給の富士映宣伝部、菊地原清次氏が、本誌特別功労賞に高平哲郎さんが、そのお祝に赤塚不二夫さんも登場し、松田政男さんが総評を述べて下さるなど、シネコミを超えた挙行で、その昔日のグラビアにそっと涙をぬぐうワタクシ……。

田川律さんの『ハーダー・ゼイ・カム』（73）論、寺脇研氏vs松田政男氏の公開往復書簡は映画批評について論陣を張ったもの。黒田邦雄さんの「真夜中はスターがいっぱい」は軽妙な俳優論。西脇英夫、山根貞男、北川れい子各氏の連載。秋本鉄次さんの「こんな映画見てますか？」は伊藤勝男氏のあとを引き受けてくれたもので、『大捜査』（72）を紹介。よこたひさこさんの4コマ漫画連載、そして、自由が丘武蔵野推理劇場のいしい・たもつ支配人（のちに同じ武蔵野興業の新宿ロマン劇場支配人）の「日誌」では、映画ファンが支配人室に来て、未公開映画の上映を直談判する、と。そういうこと、私など一度もしたことがないが、するべき、かも！

写植・工房おちあい、目次デザイン・落合紀夫さんの献身に、ずっと甘えっぱなし。

第11回 （無自覚に）映画史を刻む 全31冊総目次（その8）

（二〇一七年十一月十五日）

●第18号

280円！ 78年10月刊。前号から4ヶ月後の発行。この間延び刊行、常態化しているが、次号、第19号の間延びぐあいを思えば、まだマトモなうち！

スター・インタビュー誌としてのムービーマガジン（MM）のカンロクを見られたし！

そして、本文レイアウトがガラッと一変、読者に〝迫る誌面〟！ 黒田邦雄さんがアート・ディレクターとして手助けして下さっているのだ。MM日誌（編集後記）にこうある。黒田さんは「日頃から本誌のレイアウトについて批評してくれていたが（略）ますます混乱してきているのだそうで、ついに見かねてのご出馬だが、次々出来上がってくる誌面を眺めて、あまりのスマートさに嘆声を上げる。MMじゃないみたい」と私。

メイン・インタビューは宍戸錠さんで、もとより名インタビュアー・高平哲郎さん、名カメラマン田辺幸雄さんコンビによる。とにかく、宍戸さんのそれは、世間に流通しているインタビューのたぐいをフンサイせんばかりの面白さ。今回つい読みふけって感激。当時もそう感激したかどうか、怪しいところで、B5版、本文64ページのリトルマガジンと言えど、編集（営業も）の切迫した現場をほぼ一人で切り盛りしていると（自慢たらしいが）、感激している暇もなかったように思う。何度も記すようだけれど（何度も記しても感謝しきれない！）、豊かな誌面（！）の成立に力を貸して下さった数多くの方々に、しみじみと感謝の念を禁じ得ない。フィルモグラフィ作成は毎度、生嶋猛さんだが、今回〝協力・佐々木美規慎〟が添えられている。美規慎《みきちか》さんは戦闘的な映画ファンだった。

次なる目玉インタビューは、吉行和子さんで、『愛の亡霊』（78、大島渚・脚本&監督）にまつわるもの。吉行さんには以前、私が芝居にわずかな期間関わっていた時期にご面識を得ていたが、もちろんそんなことに関わりなく、快くインタビューを受けて下さった。これまた、読み応えある内容。聞き手の北川れい子さん（再録・構成も）のきわどい問いかけにも、女性同士ということもあってか、率直。

撮影は永橋和雄さん。吉行さんに掲載前の写真を、インタビュー内容ともども見ていただいたところ、「いい顔に撮ってくれて」とおっしゃったのは社交辞令ではないと思う。インタビューページの扉に使用した写真など、聖母のごとき表情。永橋さんに謝礼一つできないいま。

インタビューがもう一つ、林ゆたかさん。グループサウンズ〝ヴィレッジ・シンガーズ〟のドラマー出身。［石原］裕次郎『嵐を呼ぶ男』（57）を中学生のとき、兄に連れられて観た帰りに直ちに、バチ、スティックを買ってもらい、少年ドラマー（！）に、という迅速さ。彼もまた、裕次郎で育った人なのだった。

俳優に転じ、『暴行切り裂きジャック』（76、桂千穂・脚本、長谷部安春・監督）で脚光を浴びていた。あの映画のラスト、ナイフを太陽にキラキラかざしながら川原の土手を誇らし気に歩くシーンは、追加撮影だったと語る（記していて、また観たくなってくる！）。ああいう狂気の役は、林さんのような美青年であってこそ、なのですね。『若妻が濡れるとき』(78、藤井克彦・監督)では、日活が給料日に社員たちに払えず、撮影が中断したとも語り、「この会社、そんなにやばいのかなあ」と。林さん自身も、1本分のギャラが未払いになっていた由。

今となっては貴重なインタビューで、聞き手の名前を省略しているのは、他ならぬ、北川れい子さんだから。同じ号にあっちこっち、名前が出ていたのではきまりが悪いからだが、察する人には(業界的に)周知だったと思う。撮影、前田康行さん。

自画自賛を続けさせていただく。

次なる目玉は、対論座談会と銘打った「藤田映画の魅惑の彼方へ」。出席者は藤田敏八監督、根岸吉太郎監督、岡田裕《ゆたか》プロデューサーで、進行役は小林竜雄さん。この企画は小林さん(脚本家、のちに監督)の進言によるものだったはず。藤田『帰らざる日々』(78)が製作続行中で、根岸監督はこの年、日活異例の若さ(28歳)で『オリオンの殺意より　情事の方程式』(78)で監督デビューしたばかり。根岸監督の初々しい発言よ！　よくこれだけの方々が集まって下さった、と頭が下がるが、こう見てくると、さしたる自覚もなく誌面は映画史を刻んでいたようだ。座談会の場所は〝七月十三日、調布・滄園にて〟と末尾にあり、俄かに胸騒ぎを覚えた。この中華料理店の費用を、ひょっとして岡田プロデューサーに〝おんぶ〟して頂いたのではあるまいか、と。MM発行中、人さまのほどこしや好意をかたじけなくすることに、いよいよ、ためらいが無くなっていったから！(それは今日に及んでいそう?)

座談会の写真は、前田康行さんで、ほとんど本誌専属写真家のごとく使い倒した(！)感があるが、私の記憶にある限り、薄謝を差し上げたことが一度きりで、かく厚かましい私でも良心が痛みます。お元気でしょうか?　ほんとにありがとうございました。

右の記事に関連して、前述MM日誌にこんな記述が。「藤田監督、根岸監督、岡田プロデューサーの手の空くのを待って、日活で半日過ごす。食堂の窓からのんびりと外の光景を眺める。谷ナオミさんが通りかかって、意外やほっそりした体つきなのにビックリ(失礼)。(中略)サインが欲しかっただけれど、気後れする」と。

さて、関本郁夫監督による玉稿「わが師・鈴木重平」のリードは〝東映京都の名キャメラマン鈴木氏は、脳血栓で倒れて、いまは現場を離れている。映画一筋に生きてきた活動屋魂を、長く親交のある関本氏が哀切を込めて綴る…〟と。映画一筋、活動屋魂、という重複はリードとしてまずいかも、という自省はともかく、師への敬愛の探さは読む者の涙腺を刺激せずにおくまい(フィルモグラフィ付き)。MMは入手困難(?)でも、関本監督晋「映画人列伝《かつどうや》」(青心社刊、新装版を含め2度刊行)に収められているはずなので、願わくば、ご一読を！　関本監督の文章は最後にこう呼びかける、「読者の皆様、どこかの劇場で、スクリーンで、鈴木重平氏やそして吉田貞次、古谷伸氏のタイトルが出たら拍手の一つでも送ってあげて下さい……お願いします」。ホロッ！　映画のタイトル・クレジットは墓碑銘の先取りなのですね。

余計なことかもしれないが、「日本の映画人――日本映画の創造者たち」(佐藤忠男編、日外アソシエーツ2007年刊)は、鈴木重平氏はスルー。そして同書中でキャリア記述に最も長々と行数を費やされているのが、なんと、編者の映画批評家なんですね(編者の態度としていびつでは?)。

桂千穂さんによる大河連載の趣の「戦後焼け跡の時代活劇」8回目は「新東宝の剣豪たち/丹下左膳から鞍馬天狗へ」で、嵐寛寿郎の新東宝時代活躍が眼目。

前にも記したかもしれないですが、この論考、連載中から単行本化の予定が出ていたと思うが、その後消息を聞かなくなった。メディアックス刊のムック、桂千穂・掛札昌裕氏対談「時代劇」に採録されてましたっけ?(新東宝編だけは、改稿か新稿があったような?)記憶あいまいで申し訳ないですが、埋もれた（?）る名論考に光当たれかし！

　この稿用に『危し！　伊達六十二万石』（57）のスチルをお借りすべく、国際放映で撮影中の山田達雄監督をお訪ねしていたことが、前述MM日誌で分かり、我ながらちょっとびっくり。スチル一枚、手間暇かけて入手していたとは、今の横着な自分からは思いも及ばず！

　その折、山田監督が、撮影見ていきませんか、と折角おっしゃって下さっているのに、「見ておきたかったけれど、後がつかえているから、と謝して辞す」と（同前）。怪しい！　本心は、たかがTV劇の撮影と思っていたのでは？　他ならぬ山田達雄監督の現場である、何をさしおいても、見る僥倖を逃したとは、返す返すも若気の至り。山田監督、お許しください（詫びばっかり！）。

　それだけならまだしも、MM日誌はこう続く、「出番待ちの藤村志保が椅子に腰掛けていた。意外や美人風。きょうのきょうまでブスだと思っていた。サインは貰わず」と。過去の自分がオソロシイ！　彼女のエロキューションを含め、大好きなのに、ブスだなんて悪魔にでも取り憑かれていたか。雷蔵（と錦之助）を神とあがめる私が、『破戒』（62）で雷蔵直々の相手役ご指名女優に、ケチをつけたとあっては、池上本門寺のお会式（10月12日）で雷蔵に墓参した折には、シワ腹かっさばいて詫びねばならぬ（墓前の穢れ？　確かに！）。

　（高橋とよの墓もここ、と「仕事クラブの女たち」で今年初めて知り、次いで詣りすべし）

　以下、駆け足で紹介。

　「騒動社vs狂映社　デスマッチ座談会」は土方鉄人《てむじん》、飯島洋一、石井聰亙（後年、ソウゴは正字体「聰亙」に、現・岳龍）、大屋龍二の各氏出席、司会は佐々木美規慎さん（再録・構成も）。群雄割拠するかと思われたアナーキーな自主製作グループへの目配りも怠らないMM誌です。

　「琉球映画第三弾『オキナワン　チルダイ』（79）を完成した高嶺剛」の1ページ記事も、右と同じ円周上のレポートだろう（書き手はウラサキ）。高嶺監督は本年2017年も新作発表、息長いアナーキー意欲に敬意を払います。

　西脇英夫さんの「二流映画講座第3回／雑誌について雑談風に」は新顔の雑誌をアマチュア誌、プロ誌の別なく取り上げ、批評界の風潮を論じている。

　黒田邦雄さんの「真夜中はスターがいっぱい」（第2回）は他者の追随を許さないフェティッシュな（?）俳優論、映画論。

　大森さわこさんの「ブルース・ダーンにフィーバー」は、おか惚れ（?）男優論。北川れい子さんの連載「男たちのセックス・シンボルについての研究」は逆・おか惚れ女優論で今回はジェーン・フォンダ。

　永田哲朗氏が『雲霧仁左衛門』（78）を論じ、伊丹詮作さんが『冬の華』（78）に素朴な（と伊丹氏）疑問を呈し、また、おちこぼれ映画（と伊丹氏）の2作『襲う!!』『20才の性白書　のけぞる』（共に78）を称賛。

　秋本鉄次さんのコラム〝どんな映画見てますか?〟は『ビッグ・ボス』（75）を紹介。亜湖さんが女優日記（半ページ）を寄稿。よこたひさこさんの4コマ漫画「ROVER君だよ！」も健在です。

　写植はこれまでの工房おちあい、から、有泉さん兄妹（下のお名前失念！）がやっておられた〝アリアート〟に。負債をためた末の変更で、この稿を書き始めた当初の誇らかな気合は、今、完全に消沈！

第12回

抱きしめたくなる一冊

全31冊総目次（その9）

（二〇一八年三月十五日）

紀伊國屋書店のリトルマガジン（PR誌）「Scripta（スクリプタ）」で連載中の、森まゆみさん「谷根千」回想録を読むと内容が濃いのなんの！　ご案内と思うが、谷根千《やねせん》とは谷中、根岸、千駄木（つまり、日暮里駅の山手線内側沿い一帯）のことで（同誌の造語?・）、他の商店街などを支えにしたタウン誌に比し、同誌は地誌・文化誌の様相で、谷根千の知名度は全国区に。歩調を合わせるように、森さんも作家、文化人、大学なぞの先生に（谷根千にえにしある鷗外ゆかりの人かと、当初、私など早とちりしておりました！）。往時の取材メモなど、きちんと保存しておられるのですね（やっぱりなあ！）。

　気を取り直して、MM回想記＝総目次の続きに取り掛からねば、とぐずぐずしていた暮のある午前、植草信和さん〈編集者、キネマ旬報元編集長〉から電話を頂いたのだ。「映画評価の〝星取り〟の日本でのさきがけは『観覧車』では?・」と。「観覧車」とは、MMの前身の（ような）情報誌と、以前、本誌で記させてもらっているが、こういうことを覚えていて下さる方がいるのですね（こみあげてくるものがあります！）。さきがけかどうか自信はないけれど、自分の同時代的には、そうかも、とお答えしました。

　今、映画評価を星の数で表示するのは、普通に流通しているが、いわば視覚的に即断される（野蛮な?・）評価方式は、仮にも芸術表現に、いかがなものか、というのが往時の（私を含め）対応だったと思う。外国の情報誌などでは、それ（星の数評価）はフツーだから、と私に教えてくれたのは三谷禮二さん（気鋭のオペラ演出家で、ナンにつけドラスティックなかたでした）だったと思う。「カイエ・デュ・シネマ」もとっくに採用しているよ、と教えて下さったのは、山田宏一氏と記憶とている。

　後年思ったのは批評（も色々だが、右の表示法も含め）というものは、他人社会の産物で、日本のような村落共同体では、批評は成立しにくく、かくて、革命も起きない、ということかと（明治維新も、敗戦後の激変も外圧によるもの、とどなたかもおっしゃってますね）。なんてこと言うと「そういうお前さんが、自身で革命起こしゃいい」と他力恃みを軽蔑する松田政男さん（映画評論家）の怒声が聞こえてきそう。

　とまれ、ロンドンの「タイム・アウト」誌、パリの「パリスコープ」、「カイエ・デュ・シネマ」などを銀座のイエナや八重洲の丸善などで入手して参考にしたと思う。マガジンハウスが世界中の雑誌など最新号を一堂に集め自由に閲覧させてくれたワールド・マガジン・ギャラリー（今、音響ハウスとかになっているのかな）で、〝世界〟を知るのはもう少し後だったか。都内の外国大使館で図書館を持つところにも足を運んだと思う。すれっからしでなかったあの頃よ。脱線しました！　毎度、本筋に入る前にもたもたするのは、気後れするものがあるからなんですけど……。

●第19号

定価は不動で、280円。

昭和54年7月1日発行と裏表紙のツカに沿っ

て表記されている。１９７９年ということは、前回も記したが、前号から9ヶ月後の発行ということになるが、にもかかわらず、本文誌面の版ヅラの余白部分に、白抜きでこう謳う。次号「第20号は7月下旬の発売です。以後、毎月下旬の発行です」。

その対抗頁の版ヅラ余白にも、MMは「次号第20号より月刊誌としてお目見えします」と。如何に軽～いワタシとはいえ、この駄ボラには何か根拠があるはずなのだが、思い出せない。

スポンサーになろうか、なんて言い寄ってきた人物が現れたのはもうちょっと後のはず。

発行所の住所が、自宅になっている。高円寺の知人の事務所に図々しく机を置かせてもらって、電話番まで頼りにし、さすがに居づらくて、遂にウチ（私が転がり込んだ家内の生家）がMMの発行所になった次第。家内の寛容な母堂も存命中でした。

新宿一丁目（？）にあった名義貸し事務所（電話番一人で多数の会社の対応をこなす！）を住所にしていたこともあり、そうとは知らない読者が、訪ねてきましたよ、と電話番の女性に告げられ、絶句したことなどはもう記しただろうか？［記載しています］

で、19号だが、抱きしめたくなる号……。表紙の鶴田浩二の右目じりの深々とした、彫り込んだような皺にシビれませんか？

「この小誌には目次がありません。」と、これまた版ヅラ余白に白抜き文字で記す。〝小誌〟は謙遜表記というより本文64ページ、アタマから終いまでパラっと見通せる小ぶり誌に目次など不要、の意を込めたのだと思う。でも、薄くても、やはり目次は必要ですよね。

特集・鶴田浩二。インタビュアー高平哲郎さん、カメラ田辺幸雄さん。なにしろ超大物です。松竹宣伝部の計らいで、フジテレビのドラマ「大空港」撮影の合間にインタビューできるかもということで、10月13日正午から夜10時過ぎまで松竹本社内外で、18日は午前11時から夕方6時までテレビ朝日のスタジオで、両日とも張り付くようにして待機し、インタビューが叶ったもの。一人の人にこれだけ時間をかけたのは、最初にして最後。密度濃く、オタオタする私も高平さんは活写しております。

鶴田さんのフィルモグラフィ作成、生嶋猛さん。協力・佐々木美規慎《みきちか》さん。

上野昂志氏の力論「困惑と非－表情と／鶴田浩二論」を掲げる。

「小澤啓一映画への回帰」は小澤啓一監督と矢作《やはぎ》俊彦氏、聞き手で進行役が当時日活のフィルム編集者だった鵜飼邦彦さんによる座談会。矢作氏の「マイク・ハマーへの伝言」が日活の企画に上り、小沢作品の熱烈な支持者である矢作氏が小沢作品をオマージュする鼎談。成城学園の喫茶店で行ったと記憶するが、私が場所を間違え、お三方を延々お待たせしてしまい、今思い出しても冷汗三斗もの。お三人とも非難がましいことをおっしゃらなかっただけに、なおのこと身が縮んだ。

「僕はね、いつも不思議に思うんだけど、このテの雑誌はたいてい長谷部安春監督とか藤田敏八、原田芳雄で、なんで小澤啓一監督の話が出ないんでしょうかね。（略）小澤さんの映画って青臭いところがまるっきり出てこないでしょう。まあ、だからそうなのかなと……。こういう雑誌は青臭い人の投書で持っているようなところがあるから……」と矢作氏。

本誌の巻頭を飾るのは確かに読者の「LETTERS」で、ついでながら、同欄には恵送されてきた映画同人誌の誌名・発行者・発行所が記されているが、9ヶ月間に頂いたものとはいえ、14冊もの賑やかさ。アナログ時代の映画遺産であります。

座談会末尾にこうある。「この座談会は、昨年9月に実にあたふたと行ったもので、当日の場所の行き違い他、不手際が重なって、今思い出しても冷や汗が出ます（中略）。『マイク・ハマーへの伝言』の映画化はその後進展がありません。にっかつ（当時の表記）企画部は年間4プロ8本、のフツウ作品の製作を準備しているようですが、企画は常に流動的です。矢作氏は小澤監督での映画化を願い、にっかつにゲタを預けた、と聞きます」。

実にほぼ1年後の掲載だったわけ。今でも矢作氏のお名前を新聞などでお見かけするとヒャッと反応します。

関本郁夫監督による「素晴らしき活動屋野郎森田和雄」は異才・石井輝男監督の時代劇美術などを手掛けた東映京都美術部の森田和雄の早世を悼む熱っぽい文章（関本監督の著書「映画人烈伝」青心社刊に再録）。

文末に「昭和53年10月3日筆。文中敬称略」とあり、これまた、9ヶ月後の掲載。関本監督のお話で印象深かった一つに、石井輝男映画のすさまじいエログロ現場で、音を上げた助監督で後年一本立ちできた者は一人もいなかったね、と。実作者のタフさはそういう観点からも測れるのですね。

冨士田元彦「時代劇断絶－『元禄忠臣蔵』」（前篇41、後篇42）そして深作時代劇」は時代劇＝歴史映画を巡る論考。

「棚入《おくら》りの処女作『純』（80）について横山博人監督に聞く」は表題通りの内容。末尾に細字でまたもやこうある、「昨年9月26日にインタビューしたもので、『純』はその後（略）今年のカンヌ映画祭の批評家週間に、世界の7本の新人作品に混じって上映されることになる。海外で先に日の目をみたわけで、いずれ国内でも、さして遠くない日に公開の機会が持たれるだろう」と。公開はさらに1年後になる。

夏文彦「極私的、後藤幸一メモ」は『正午《まひる》なり』（78）の監督を公私に渡って知り尽くした方の応援ルポ。夏さんは後年、自ら命を絶たれたんでしたよね。

中川好久「日誌」は、百恵映画『炎の舞』（78）の助監督として付いた時の日録。「今日は百恵が生理だと、スクリプターの宮崎さんが教えてくれた」。百恵映画に付くのはこれで7作目なのに「初めて知った（もちろん毎月あったんでしょうがね）」に笑いこける。

水野勝博「映画批評の〝在り方〟を巡って／寺脇―松田往復書簡及び大林―山根論争への私見」は〝投稿〟とあり、これまた文末に「一九七八年九月十五日」と執筆日を記している（MMの寄稿者はみな用心深い！）。

冨谷正博「『ひとり狼』（68）の市川雷蔵を知っている」は名作『ひとり狼』を切り口に展開させた雷蔵論。雷蔵は私も中学生以来の長いファン（現在も）だが、雷蔵論を掲載したのはこれ一回きりと思う。

ついでながら、この号の巻頭情報欄に「第二回市川雷蔵賞」決定の記事があり、主催の〝雷蔵を偲ぶ会〟が会員に、〝雷蔵さま健在なりせば（雷蔵が）エールを送りたくなる俳優〟のアンケートをしたら、渡瀬恒彦が三浦友和に競り勝った、と。渡瀬の賞歴から消えていそうで、渡瀬恒彦さん追悼にこの受賞も添えておきたいです。

ちなみに渡瀬さんは、本誌がインタビューをお願いした中で唯一、気が進まないなア、と（東映を介して）お断りを頂いた（恨みがましく響いたらお許しを！）。

「亜湖　スクリーンが生んだ新しい天使」のインタビュアーは北川れい子さん。写真・前田康行さん。

連載では、黒田邦雄さん「真夜中はスターがいっぱい」、秋本鉄次さん「こんな映画見てますか？『ラスト・ラン　殺しの一匹狼』（71）」、西脇英夫さん「二流映画講座④ノンフィクション・ノベルに憑かれて映画を見たら」、山根貞男さん「映画論壇時評／山田洋次映画と映画批評の無力」。そして松田政男さん「同時代映画の発見」は新連載で、今回の主題は「マイナーからメジャーへの安直な〈上昇志向〉を排す……」。

今号の〆《しめ》は「78年読者投票によるベスト・ムービーズ決定」。半年遅れの発表で、しらけるが、発表しないわけにはいかないですよね。MMを「信じ続けて、（投票）有資格になる20枚（以上）をせっせと書き送って下さった読者の皆さん、ありがとうございました」と深甚の謝意を表しております。第1位は日本映画『サード』（78）、外国映画『グッバイガール』(77)だが、〝最も多くの人が投票した作品〟というのも掲出。日本映画『オレンジロード急行』(78)、外国は『スター・ウォーズ』(77)。

表4の広告『さらば映画の友よ　インディアンサマー』(79)は原田眞人監督と川谷拓三が向かい合うような構図で、原田監督は写真だが、川谷の方は本誌第10号(77年2月刊)の川谷特集表紙を飾った本山賢司さんによるイラストなのです。MMも出世しました!

第13回
番外編
愉快な「映画雑誌の秘かな愉しみ」展
(二〇二〇年三月十五日)

NFAJ(ナショナル・フィルム・アーカイヴ・ジャパン、と長ったらしいのがご愛敬だが、旧フィルムセンター)での「映画雑誌の秘かな愉しみ」展(9月7日~12月1日、2019年)を、日にちを変えて2度も覗いてしまったが(なぜ2度か、後述)、カンメイ久しくし!

展示物に触れないでください、云々の出口近くの〝注意〟表示に爆笑、2度もね! ガラスケース(プラスチック?)を叩き割って触れようってシネフィル・モサ(猛者)がいるらしい? その可能性はともかく、お役所はとかく、注意好きらしい。展示といったって、正確には映画雑誌〝表紙〟展であります。それも、似たり寄ったりで、女優の顔が中心。今更のように、映画雑誌の表紙が女優の顔でもっていたことに、気づいた次第(ありがとう!)。

表紙はどこまでも表紙であり、雑誌の入り口でしかなく、本体に迫りようがない。チラシの謳い文句、〝貴重な日本の映画雑誌を多数展示!〟って、千三や(千のうちマコトは3つ)の口上も、負けそう! 絵画のように、ポスターのように、それ自体で完結しているモノと雑誌は決定的に違いますよね。

それくらいは承知のスケ、の展示でしょうが、申し訳程度に、見開きページの展示が二つ(むろん、ケースの中)。「映画の友」の谷崎潤一郎訪問記事、と「映画評論」誌の某氏執筆のページ。前者は、権威付けのスノビズムに拠ろうが、後者(の人選)になぜ? と思ったら、この催しに関連したトーク氏なんですね(お追従は怠らない、さすがお役所!)。

本展のゲネラスバスは、コレクションはひけらかしたいが、でも、触れさせたくない、といったコレクター根性に基づくや? 触れさせたいような気にさせる〝仕掛け〟って、あるんじゃない? こんな私だって、そのアイディアの一つや二つ、ありましてよ! NFAJの予算は潤沢なのだから(いかに潤沢かは、後述)、触れさせなくとも、その錯覚さえ起こさせない展示って、(再び)エライ!

一巡して、おや? と。「平凡」はあったよネ! 「明星」は? で、巡り直し(初見時の)だが、ナシー! 会場で配布されていたリストにも無く、軽いショック! むろん、鉄幹・晶子らの「明星」に非ず。「平凡」(平凡出版→マガジンハウス)に遅れまじと刊行された「明星」(主婦の友社刊)のことよ。わが紅顔の(厚顔、の誤記にあらず!)中学生時代(日本の果たて、石垣島、です)、体育の男性教師が、「俺は立派な映画雑誌を購読している、〝平凡〟や〝明星〟じゃないぞ、キネマ旬報だ!」と生徒に、誇らかに宣言したエピソードは、以前、他誌に書いた記憶があるが、北は北方領土から南は尖閣諸島まで（責任持てないが）、日本最大の購読層を持つ映画雑誌といえば、誰が何と言おうと、平凡、明星の2大誌で、雑誌界における燦然たる輝きを、主催者は知らない、らしい？　片方をスルー出来るなんて、半端な神経とは思えず、何らかの意趣あり？　昨今の「明星」誌は知らないが、現状を見越して、往時に思い至らずや？

　ここに来て、それまで微苦笑をもって寛大に眺めていた展示に、一挙に不信感噴出。

　アニメ誌のセクションで、「COMIC BOX」が抜けてません？　発行・編集者は、映画館オーナーにして、今や『ニッポニアニッポン フクシマ狂詩曲』(19)の監督、才谷遼氏の業績の一つであります。

　末井昭氏編集の「ウィークエンドスーパー」、「ZOOM-UP」（白夜書房）も展示ナシ。後者は先の展示プログラム・リストの「成人向け雑誌」セクションに誌名があるが、発行所の記載が違うから、別誌か？　前者には、松田政男氏、山根某、北川某、梅ちゃんこと梅林敏彦……ら錚々たる反骨の評論家（！）が健筆をふるっていたはず。

　「映画宝島」も月刊誌としては短命だったかもしれないが、別冊形式で結構続いていたはずだが、展示ナシ。

　地方誌のセクションでは13誌も挙げながら、現役バリバリ誌の札幌「RAYON」（金川真由美さん編集発行）を無視しており、ゴーマンかましたくなり！

　「CINEMA893」（シネマ893）も現役だったかと。横浜の小島光雄氏発行。B5判型の分厚いもので、年1〜2回刊行。

　宮口精二発行の「俳優館」を映画誌の仲間にするのなら、築地小劇場の機関誌「築地小劇場」を並べなきゃバチアタリっす。わが手元にあるのは大正末年あたりからの4冊（4号）くらいなものだが、脚本家・八住利雄の演出家論など今もって傾聴に値しよう。えッ？　八住って知らない？

　「映画雑徒」という、雑徒とは名ばかり、選良の誇らかな映画誌も何号か続いていましたよネ。

　「西部劇通信」も結構続いてました。発行者の田中英一さんは雑誌・書籍のエディトリアル・デザイナーだったと記憶します。

　竹中労応援雑誌「浪人街通信」ってのもありました。

　前記リストを眺めながら、「アートシアター」誌を〝評論誌の充実と展開〟セクションに括っているのは誤認だと思う。原則的に上映館でしか売っていなかったはずで、プログラムの発展形です！　あるいは、同リスト分類に依拠すれば、スタジオ誌か。評論誌というのは肯定も否定も載せてこそ、じゃないの？　「アートシアター」誌は当然といえば当然ながら、好意的評価ばかりでしたよ。手元にあったものは、以前、生活に窮して古書店に売り飛ばし、1冊もございませんが。

　〝戦後の映画雑誌〟の括りで、更なる括り〝シナリオ誌〟セクションに「時代映画」を加えているのにも私などには大いなる違和感しかない。そりゃシナリオを2作は掲載していたし、ページ占領的にも、シナリオ誌の趣ではあろうが、あの雑誌は、時代劇の隆盛→衰退を反映した映画一般誌、あるいは必死の抵抗誌、というのが、同時代的な私の認識で、それを、シナリオ部分がページの半分以上占めるから、シナリオ誌、という大雑把な神経に殺意さえ覚える。もとより当方、シナリオ作家、シナリオライター（どう言ってもよろしいが）に、監督以上に敬意を払う一人であります。

　情報誌セクションで、プガジャこと大阪で発行されていた「プレイガイドジャーナル」誌が私の知る限り日本の情報誌の先駆けのはずだが、ここには挙げられずじまい。後に名古屋版も発行されたと思うが、「ぴあ」が「関西ぴあ」を出すようになって、同誌は廃刊に追い込まれている。東京でもプレイガイド自体が発行する冊子があったはずで、そして「ぴあ」のホンの少し先駆けて「観覧車」という名の情報誌が発行されております。ロンドンの情報誌「タイム・アウト」、パリの「パリスコープ」といった情報誌や、「週刊新潮」の情報欄が「ニューヨーカー」誌を模倣したものと聞いて、勉強したり。それらはイエナで買えたり、英国やフランスの日本の出先機関で見られたし、マガジンハウスの世界雑誌館（?）もありましたね。ついでに言えば「ぴあ」のライバル誌「シティロード」（展示あり）の前身「コンサートガイド」も置いてあれば……。

「学生による研究誌」セクションだが、点数、こんなもの？　たまたま手元に送られてきたもの、入手したものを並べているだけでは？　草の根を分けて、蒐集したものではないですよね。

それで悪いか、って？　本展に持つ全体的違和感は、まさに、ここ、その展示主体なのであります。個人コレクションの展示なのか、NFAJの面目を賭けて展示したのか、と。

例えば、先のリストの最後に記された謝辞に、NFAJのスタッフの名前が挙げられているが（同所客員研究員とか）、身内に対しても謝辞を？　アカデミー賞授賞式ではあるまいし、ね。

で、この謝辞から推測されるのは、個人コレクションを、公的コレクションのように装って展示しているのでは、ということ。故に、展示漏れがあるかもしれません、という留保の表示の必要まで思いが巡らなかった、のだろう、と推察。

右に遺漏誌と思われるものを上げてみたのも、多少は後学の益になろうか、と老婆心までのおせっかいです。

そうは言っても、「ムービーマガジン」（以下、MM）も展示から漏れてますよ、って？

まさかァ！　NFAJから頂戴するご案内の数々は必ず、〝「ムービーマガジン」編集部　浦崎浩實様〟として届くんですから。ムービーマガジンを忘れずにいて下さるのは、広い世界で、NFAJと「映画論叢」誌くらいなもので、毎朝、その2箇所の方角に一礼して、一日を始めております。

そんなNFAJがMMの展示漏れ？　信じませぬ！

いや、思い当たらないことかない、か？

MMは〝秘かな愉しみ〟といったシネフィルの慰みモノにならない雑誌を目指していた、のだった、と言えば信じていただけますよね？　今回の展示責任者はそれを鋭く見抜いて、加えなかったに違いない、と！（本展の数少ない、慧眼かも）。

冒頭に、2度見た、と記したが、展示リストにあるものの、なかったように思えた同人誌、地方誌などがあったので、同所に電話したら、リストにあるものはすべて展示してます、というので再度出かけたのです（むろん、無料切符で）。確かにありましたが、引き出しの中のものを〝展示〟とはね！　凄い日本語！

NFAJのいかにも潤沢そうな予算についてだが、以前にも書いたように思うが、1階の出券係が2名、エレベーター前に守衛だかが1名、開場待ちのコーナーにも1名、2階に上がれば、エレベーター前に1人、もぎり2人、場内見回りに1〜2名。このキャパで何たる人数！（民間の映画館を見よ！）

というところで、せっかくの連載復活なのに、番外に費やし候。

第14回 「シナリオ」誌よ、現役エールを！

全31冊総目次（その10）

（二〇二〇年七月十五日）

本欄の役目を逸脱させてもらうようだが（そうでもない？）、「シナリオ」誌が狂い始めてるって？（他誌を批評できる身か？）それがさ、その狂い方が、私の古傷に塩をすり込んでくるのさ！　天下の「シナリオ」誌と、ノー天気の、オットットッ、NOT天下の「ムービーマガジン」誌を同格に見立てはいまいな！（そんな、分は弁えておりまする……！）

「シナリオ」誌は今年1月号から、編集体制が変わったようで、面目を（悪）一新！

表紙は従来、掲載シナリオの、スティルが主体だったが、イラストへ！　ご随意にと言いたいところだが、1月号が遥かなる山中貞雄なのは、「恋と十手と巾着切」シナリオを〝発掘〟と称し掲載しているからだろうが、山中の顎と額を誇張、ひげの下の小さい口元に覗く栄養不良そうな歯並び（？）。山中貞雄の面構えを貧相に誇張！（ワタクシは表紙にガムテープを貼り候！）モノ作り（作家）のカンバセに、知性の欠片（くらい）欲しくないですか？（断固、欲しくない、らしし、と追々分かるが！）

右のシナリオ、昭和7年（1932年）の映画で、ワタクシメよりきっかり、ひと回り（12年）老いぼれてます。当然、サイレントで、併載『カツベン！』（19）と連動させ、気を利かした？（そればかりでもなさそう、と、やがて気づくが！）ピッカピカの『カツベン！』スティルを優先すべき、と、どんなオニブさんでも気づくはず。新作より旧作の方が断然注目され、売れるんならともかく！（まさかね！）

新作より、旧作「恋と十手と〜」優位の口実（？）にしたのか、〝発掘〟なる箔付だが、掲載文末に底本（1998年、実業之日本社）、底本の底本（戦中の1940年、竹書房）と、計2冊上がっているが、他に3巻本「山中貞雄作品集」第1巻（85年、実業之日本社）にも収録されておりまして、戦後だけでも2度、それもつい（！）、22年前、35年前。

既に多くの人に提供されているものを、発掘とは恐れ入ります（ニホンゴ、ダイジョーブぅ？）。発見と言ったのではない、発掘だ、と開き直る？（募りはしたが募集はしなかった、とアベ・ゴハン論法〈？〉に倣って？）

監修委員長（編集長でもある？）の同号review に拠れば、ネットサイトで〝発掘〟したらしいのだが、読んで感激し、授業で紹介したら、受講者は十手、巾着切、を知らず、山中も遠くになりにけり、と慨嘆。今頃、山中脚本を〝発掘〟した人がよく言うよォ、お前さん自身が〝遠かった〟んじゃないのさぁ！

それに、〝一気に読んだ。いやぁー、面白かった〟云々の手放し称賛の無邪気さ。面白く読めるシナリオは要注意、と今のシナリオ教室は教えないのかな？　読後感想文でなく、シナリオの技術構造を解明してくれなきゃ、せっかくの掲載なのにね。往時、シナリオを外部の人間が批評できますかね、とさる御大（？）に伺ったら、無理でしょう、と言下に笑われたものだが、右review のプロ氏にも無理らしい？（ホッ！）

おニブな私、すぐには気づかなかったのだが、現「シナリオ」誌の懐メロ好き、どこか後ろ向きは、パリパリの新作嫌いの裏返し、か（映画論叢の〝発掘〟ぶりにインスパイアされたンじゃ、って、まさか・まさか！　論叢は2誌いりませぬ、レベルに遠く及びそうもなく！）。

従って（?）で、現「シナリオ」編集体制の意図するところを忖度するに、同業現役の活躍を過小に、過少に、控えめに、のかくれミノとしての旧作掲載か？　ゲスの勘繰りだよって？違ぇねェ！（ゆえにシンジツ?）

続く2月号はといえば、イーストウッドの似顔絵、それもわざわざ（だろう！）、表情を暗く（黒を主体にした色使いで）、ダーティ顔ハリーの、またまたダジャレ？

同号掲載、『嘘八百　京町ロワイヤル』（20）は人気スター勢揃いで、〝売り〟には持って来いのはずですがね（勢揃いって？　小せぇ小せぇ?）。

3月号の表紙となると、何を思ったか、唐突に地方の〝クラシックな〟映画館が表紙に！「藤森照信のクラシック映画館」刊行とのジョイントらしく、〝映画館ケンミンショー〟なる、各地のクラシックな映画館の紹介連載も始めているが、当の映画館の正面写真くらい添えればまだしも、これまた本文に直接関係なさそうなイラスト！（同書版元から協力金でも出たなら、まだいいのだが?）映画誌のはずなのに、とかくイラスト好き！（映画への背信のような?）イラストは、映画・映画館の〝実存〟への連想力において、スティル、写真に遠く及ばないんです、とっくにご存じでしょうがね。きょうび、旧作スティルでも1点1万円（以上）も請求する業界事情もある？（新作ならPRとして無料なんでしょ?）

で、古き映画館への郷愁だが、ワラブキの芝居小屋・兼映画館を体験している世代としましては（〝沖劇〟と言ったかしらん、大型台風で吹き飛んだ！　66年も前、石垣島でだが。往時この小島に5館、土日祝のみの営業館を加えれば、計7館が。それがウソのようにとっくに、ゼロ！）、この種の感傷は不毛と。前の東劇（は元々芝居専用だったろうが）と（今の）東劇を比ぶれば、今の方が（映画上映にとって）断然いいのは論を俟たないはず！

「シナリオ」4月号の表紙もまたまた旧作がメインで、表紙のイラストは、説明（目次で）されねばわからない深遠（！）さ。説明されねばわからない表紙って、表紙の（最少の）役割を果たしていない、と思わないすか？　なにがなんでも、旧作！　6月号表紙となると、爆笑もの、勝手に気取ってなさいよ。掲載シナリオの一つは、昨年9月公開の準旧作で、〝リクエスト〟と謳っているが、要するに、ページ埋めの格上げ！（よく言って、昨年の編集部見識ナシを詫びてる?）そして併載の新作だが、ご一同のお眼鏡に叶ったの？　おっどろき！

「シナリオ」誌の発行主体は、協同組合・シナリオ作家協会で、通常の商業雑誌のように、販売部数の伸び縮みにヤキモキせずに済みそうだが（むろん、伸びれば有難いだろうが）、ゆえに（?）、〝実験〟自在かも。今次は、現代のシナリオ（作家）より、往時がよろしい、と？同業者の新作がたとえモノ足りなくても、褒め育て、エールを送るのが組合誌の最優先お役目では？

1月号の編集後記で〝長〟［西岡琢也氏］が、誇りと卑下（?）こもごもに、シナリオ〝掲載希望の売り込みはある。反対に掲載希望の脚本が様々な事情で断られるケースも多い〟と。たまに、とか、マレに、ならこれまでもあったろうが、〝多い〟とはただごとではない。コロナも恐いが、「シナリオ」誌が実作者の晴れ舞台で無くなっているなら、同誌存亡のクライシス？　ごシンパイなく！　掲載シナリオの替りなど、いくらでもあら〜な、ってか？（それで凌ぎ、凌ぎ、こんにちに至れり?）関西で同人誌的に誕生した「シナリオ」誌だが、ここに来て、対する世間狭まれり？（そうよ、だから批評の対象にしないでよぉ！）

ではありましょうが、更なる差し出口・希望を述べれば、〝長〟たる者こそ、慎み深くあれかし！　往時、自分のステージとしたがる映画雑誌〝長〟も何人かいるにはいましたが、現シナリオ誌で、一番露出しているのは〝長〟かもね。

〝雑文〟を必ず一つ、時に二つ掲出し（卓見の雑文ならねぇ！）、あまつさえ自作未映画化シナリオを掲載（昨年12月号で、〝リニューアル〟前だが、〝長〟はそれ以前から！）、あわよくば、どこかが〝ゴミ拾い〟して映画化してくれないかァ？　いやいや、すべて、悪意に取っちゃいかんよ、こんなシナリオは絶対ダメだよって、後進への道しるべとして、自己犠牲的に掲載したのよォ！

6月号では〝長〟の一文に〝僕の拙文〟なる記述ありしが、ささやかなご教示になりまするが、〝拙文〟て〝僕〟（ワタシ、アタイ、オイラ、俺っちetc.）、つまりオノレ以外には使用禁止ですのよ。キミの拙文、なんて言おうものなら、決闘騒ぎになりかねないです。

現「シナリオ」がコロコロと感触を変えたがるのは、なぜ？　常に前進・変身↓飛躍↓新鮮さ（の更新）を迫られずにいない（プロデューサーや監督らから）、シナリオ作家（の習性・宿命？）の反映か？　と取るのはかなり無理がありますよね、何しろ後ろ向きなんだから。あるいは、短気で、アキっぽい、か？

ロゴタイプの毎号の小イジリ、表紙イラストレイターを毎号すげ替え、と目まぐるしいのは何ゆえ？　安定したイメージで訴える世俗雑誌への挑戦？（よくぞ、見抜いて下さった！　売れなくていいんですぅ！）　雑誌作りの要諦はマンネリを恐れないこと、かも？

個人攻撃している？　というより、〝長〟の独りよがりを傍観している如き〝組合〟の鷹揚さ、無気力（？）に私は素朴に驚いているのであります。

で、現「シナリオ」から受ける我が古傷ですが！

本誌連載でMMバックナンバーを繰らざるを得ないのだが、つくづく、自分の忍耐力のなさ、飽きっぽさ、気まぐれを見せつけられて、泣きたくなるのです！　ロゴタイプいじりはショッチュー、表紙の傾向、内容の重点、本文レイアウトを変えに変え、最後はついに、禁断の雑誌版型の変更に手を付け、トドメに！　自分では、転がるコケのように、コケが付着してはいけない、と自覚的なつもりでいた？（大誤解よね！）悔やまれてばかりでは、オレ達寄稿家、協力者の立場はどうなるのぉ？　ケンソン（！）は難しい！　今後、手前ミソもなんのその、思いっきり自画自賛しちゃうから！

もう一度「シナリオ」誌に戻って、部外者ながら愚見を念押しすれば、「シナリオ」誌を同時代（の実作者）に奪還せよ！　〝長〟のシュミ・コラボはもう十分！

……でMM総目次の続きに、やっと辿り着き候。

● 第20号

発行日付は昭和54年9月1日。実はこの号、前述「シナリオ」誌〝長〟が登場してるんです！　MM名物「新装‼ FIVE RANKINGS」（〝星取り〟）で、小田克也、北川れい子、松田政男、山根貞男5氏をレギュラー陣に、〝長〟氏（当時の肩書は助監督）、そして金丸弘美氏（読者として）がゲスト参加。52作を俎上にしているが、〝長〟氏の採点の厳しさよ（当時の私もそれを歓迎したか？）。★5つが最高だが、〝長〟氏は17作（を採点！）している内、なんと、12作が★1ヶ。★2ヶ2作、★3ヶ1作、★5ヶ1作で、この満点作がご当人シナリオの映画化作。〈厚かましく〉と当人の添え書きが、と紹介欄にあり。純情ぶり（？）もしのばれるものの、同業他者に厳しいのは、往時からか！

第20号、定価280円は変わらずだが、前号（60ページ）より、12ページ減（印刷の面付1台分）の48ページで（ノンブルは表紙をカウントしたり、しなかったりしてます）、束《つか》を痩せさせないよう、前号より、ざらざらした厚手の用紙を本文に。表紙の刷り色は3色から2色に、と後退感は否めないです（終刊へのカウントダウン？）。

でも、内容の充実度に眼がくらむ（言っちゃったぁ！）発行所の住所が、（美しい）愛妻の実家から現住所へ変わっており、電話番号もそのまま（局番の頭に〝3〟が加わる前ですが）。いよいよ、家内工業！

一番の〝売り〟はメインの勝新太郎インタビューだが、勝氏のサービス精神ぶりに頭が下がります。インタビュー内容（高平哲郎氏）はもとよりだが、田辺幸雄氏カメラは、折よく（？）小雨降る六本木の路上で、自在に振る舞う勝新氏を活写。本文をざらざら紙質に変えたと記したが、怪我の功名？ 合ってるような（フィルモグラフィ＝生嶋猛さんも信頼されております）。

「ごひいき対面」では、松田修氏（国文学者で映画批評も）が、ごひいきの永島敏行さんと対談。相好を崩した修氏がまぶしく（前田康行・撮影）、この号が出ると、松田政男氏が、修さん、大丈夫かねぇと苦笑していたのを思い出す（アブノーマル・マツダ、ノーマル・マツダとご両所認め合った間柄だが、どっちが〈より〉アブ系だか、今もって私にはナゾです）

続いて、木下恵介映画ミニ特集。ページはミニでも、内容はビッグで、桂千穂氏が「木下映画の〝太陽〟と〝月〟」と題し、作家は通常一面性しか見せないが、相反する二面性を、それぞれ作品で成功させた不世出の天才、と画期的論評。もう一つはF・トリュフォーに拠る『楢山節考』［58年版］論で、山田宏一氏（氏の訳注がたっぷり）のご厚意による掲載（共訳・蓮實重彦）。何かと、黒澤ばかり持ち上げられることに本誌の気概を示したつもりだが、厚かましく、依頼したもの。そして、劇作家、演出家の堂本正樹氏による「三島由紀夫と映画―サイレントへ向かう克己心」がある。

かつての映画誌の写真豊富は文化財ものだが、『人斬り』（69）のミシマ切腹スティルは、ご遺族の意向でもう門外不出と仄聞するが、しっかり写っております。映画『黒蜥蜴』（68年版）でナマの人間銅像（三島）に美輪明宏が口づけするスティルも。

関本郁夫監督による連載「映画人烈伝 其の参」は〝サード助監督として付いた『緋牡丹博徒 花札勝負』（69）の地獄の日々〟のサブタイトルがあり、加藤泰監督の狂い方を活写（後年、関本監督の本に収録されていますよネ）。

続いて、公開間近の『十九歳の地図』（79）の柳町光男監督と主演の本間優二インタビューで、見開き記事だが、本間のぴっかぴかぶりよ（糸川燿史・撮影）。本作に出演した、沖山秀子、蟹江敬三、山谷初男、原知佐子、清川虹子といった主要な面々が、もう鬼籍に入っていることに感慨を催す（ご冥福を祈ります）。

連載の西脇英夫氏「二流映画講座（5）」は〝いつの頃かやみつきとなった劇場未公開TV放映ムービー〟では、観たことも（聞いたことも？）無いような数々が挙げられる。使用スティルは『サイレント・ランニング』（72）で、ごひいきブルース・ダーンが大きく映った2葉。この後劇場公開されたようだ。

もう一つの連載、松田政男氏「同時代映画の発見2／いつか見た映像、いつか見たストーリー」は、自主映画や、実験映画・個人映画を中心に網羅、紹介しているが、文中、「『十九歳の地図』試写の席上で、出来立てのホヤホヤの本誌先号を受け取った。懐かしさのあまり、泣いて涙がチョチョ切れた！」とある。むろん、皮肉交じりだが、ほんとにすみません。氏への追悼拙文（キネ旬5月上・下旬合併号）は敬意不足だったかも、と反省しきり。

以上がMM20号内容だが、表4に「メテオ」、本文第1ページ目に『新・明日に向って撃て！』（79）の全面広告。もとより、出稿していただくわけです、無料で、MM箔付のタメ。交換広告4誌が4分の1ずつ1ページに。すっかりメジャーとなりし雑誌に、深甚の敬意を！

そして、もう一つ大事な、これは有料の1面広告でマンズワインのそれ！ 高平哲郎氏が手配して下さっている広告で、毎号映画仕立てで（本山賢司氏・画）、今号は「コーシュウハリー3」。隅々まで笑いに満ち、当時、こういうのに笑う余裕もなかったかもと思うと泣けます。

たった、1号分だけの紹介に終わってしまえり！

（編集長のお許しあらば、もう〝未完〟でも！）

第15回 一気にいくぜ 21〜24号

全31冊総目次（その11）

（二〇二〇年十一月十三日）

●第21号

昭和55年1月1日発行。表紙のロゴタイプ上方に記された右の〝日付〟に続いて、〝80 January〟の記述。雑誌にとって、1年で最も晴れやかな正月号だが、ムカシは、正月号が並ぶ書店のオモテは賑やかなものでしたね。むろん、MMはそこに加われなかったかもしれないが、扱って下さった書店各位への感謝、忘れずにおりまする。

学生の頃、書店で短期間バイトしたことがあり、以来、書店への敬意を身上に！　書店の前を通りかかろうものなら、身を律し、一礼を欠かしませぬ（ほんとだって、ウソと坊主のアタマは〝ゆった〟ことないですから！）。書店は神社かね？（はい、アソコには紙＝神々がいらっしゃいましてね！）

ともあれ、この号、定価280円変わらずで、表紙の松方弘樹の表情、ちょっと上目遣いの男ぶりは、見る者をメロメロにさせよう。インタビュアー・高平哲郎氏、写真・田辺幸雄氏、相変わらず素晴らし！　表紙の色使い、スミと緑の2色で、この緑がスミとジョイントし、エレガント！　表紙デザイン（たぶん、本文レイアウト等も）黒田邦雄さんであります。

同記事の弘樹氏曰く、健さんの皺にあこがれ、氷水とお湯を交互に顔に漬けて半年、自分の顔が出来た、と（ワタクシ、さっそく真似たところ、今のアベ総理のような《本号が出る頃にはさすがに辞め、させられてるよネ》、針で突っつけば自己愛のウミが噴出しそうなムクミ顔に！　世をはかなみ候！）。松方のフィルモグラフィ作成は、例によって、生嶋猛氏の盤石の作成だが、〝シネクラブ・アネックス＋本誌〟が添えられているのは、関西のシネクラブ・アネックスさんにご教示頂いたところもあったらし。

この号、目次が復活！（そう、雑誌はあるべきものを、あるべきように、当たり前のことをまずしませうね！）

MM名物（！）の「ごひいき対面」は、原田美枝子さんvs山根貞男氏。美枝子さまが貞男さまをご指名、ではないですよね。美枝子さまが対談中におっしゃるには、自己露出が（フィクション上でも）できない、と。俳優さんは〝劇〟に名を借り、自己露出を生業とするように思われそうだが、美枝子さまは断固、その境界を引かれる、らしいと私は知り、感銘。女優のいうこと信用出来て、って？　ロングヘア女性（美枝子さまは、ここではそう）を今もっと信用しないでいる私なれど（むろん、相手が私を好きなら、不問です！）、美枝子さまのご発言、一々、胸に響き候！　お二人の間につり下がった照明が粋で、対談場所はどこだったのだろう？（撮影・前田康行氏）

そしてこの号には、本誌前号で（不明にも？）アッコウ（悪口）を浴びせたシナリオ作家協会・監修委員〝長〟による見開きの「恋多き高橋伴明兄様」論が。伴明映画としては破格の製作費による『南海のおんな　緊縛無常』（79）の八幡浜ロケに付き合い、伴明映画を、敬意を総動員して総括。伴明監督が言い放ったという「金と時間があったら誰でも（映画を）撮れる」を紹介し、村野鐵太郎がクロサワ［黒澤明］のいる席であてこするように、「金と役者が揃ってたら、阿呆でも映画は撮れる」発言を引用。むろん、アホはどこまでもアホですが、伴明映画をクロサワ映画に（言外に）比肩せしか！　掲載の伴明監督フィルモグラフィは、この時点で最も充実したもの、信頼できるもののはず。入手しがたかったろうスティル、ロケ写真が計3点。製作プロに赴くなど手間ヒマを惜しまなかったのでしょうね。MMバンザ〜イ！（もう世間体を憚ってられん！）

連載モノでは、西脇英夫氏「二流映画講座」第6回で〝落語・テレビ・雑誌・そして読者〟のサブタイトル。幼稚な（？）映画ファンの映画誌露出への嫌悪感を表明！（MM誌も〝彼ら〟の露出に〝貢献〟せしか？）

黒田邦雄氏「真夜中はスターがいっぱい」第4回目。「ドロンばかりがスターじゃない」をカウントすると掲載ナン回目だろう？　グラフィック・デザイナーでイラストライター（という語は当時なかったが）である黒田さんは私のセンスのなさを見かね（なんて言うと、それ以前にMM表紙、本文レイアウト他を助けて下さった方に無礼になりますね！　ケンソン、むつかし再び）、自発的にMMを助けて下さった（物心両面で）大恩《おおおん》あるお一人なのです！

それにしてもMM誌の全体的な活字の小ささ。黒田さんのページ、LETTERS（読者寄稿）と同じ級数（活字）で、現在、老眼をかけても、判読に手間取り候。この頃、視力良かったんだ、ワタシ！

続いて、松田修センセイによる『旅芸人の記録』（75）論。世を上げて激賞の嵐に抗するがごとき反論、力論にシビレます。この稿の最後、版づら余白に、ご当人から、一、二の不備を次号で言及したい旨あり、と（ご当人の熱意に、次号MMは果たして報いしか？）。さて、私の思い過ごしかもしれないけれど、以後、同作配給のフランス映画社・川喜多和子氏の覚え悪くなったような？　某監督（ニホン人）に誘われて夕刻、同社に伺ったら、（監督への敬意で）別席を設けてくれたが、私は遠慮すべきを、金魚のフンの如くくっ付いて行き、軽侮の視線を始終感じ続けたのは、右の一文のせい、かと？（そんなに料簡狭くないよ、ワタシ＝カズコは！）この席にいなかった柴田駿氏（フランス映画社社長）は、以後も変わらず、紳士的に接して下さったのでありました（その柴田氏も亡くなってしまった！）。

関本郁夫監督の連載「映画人烈伝・四」は加藤泰監督との対談で、泰監督の持論〝名監督の下から優れた監督は生まれない〟〝監督が彼らの才能を吸い取っているからでは？〟と伊藤（大輔）先生にぶつけたら、お前、〝吸い取られるようなもん、持っとんのか〟と逆襲されたと。相互〝吸い取る〟関係はニンゲン関係の要諦か！

連載のはずの、松田政男氏の玉稿ナシ！（ついに見放されたるや！）

書評欄（と言わず〝初版・重版〟欄としているところがミソか！　もう、なんだって自讃しちゃう！）は、山田宏一氏「走れ！映画」（たざわ書房）を同書編集者でもある米沢慧氏が、映画史家の冨士田元彦氏「日本映画現代史・Ⅱ昭和二十年代」（花神社）を黒岩康氏が、ヴェナブル・ハーンダン「ジェームス・ディーン」（ハヤカワ文庫）を大久保新なる者が記す。

「走れ！映画」を紹介する米沢氏のマクラ、山田宏一氏との目玉焼き論争がチョー可笑しい。目玉焼きの白身から食うか、黄身から食うか？　両者とも、白身から食い、途中で箸が黄身にかかって、崩れたりすれば、落胆、と！　黄身から先に食べるヤツ、信用できない、と私も山田氏から直接伺ったように思うが（つまり、いいところは最後に取っておく！）、これ以後、拙宅では〝ヤマダさん、する？〟が秩序化し候。今、タマゴって、メンドリが懸命に生んでも、10個入りパックがスーパーで、なんと¥98（税別）。潤沢はニンゲンから知性・品性を奪う？

右の、大久保新なる書き手、ひょっとして、ウラサキの世を忍ぶ偽名？（まあ、文章力、大目に見られたし！　MMは変名、偽名が多くない？　と信頼する批評家に言われたことがありましたっけね！）

日本映画新作（?）評では、『太陽を盗んだ男』を井家上隆幸氏が、『天使の欲望』『暴力戦士』の両作を伊丹詮作氏が、『Keiko』『もう頬杖はつかない』（すべて79）を世評に抗して北川れい子氏が辛辣に評し、『十九歳の地図』（79）を夏文彦氏が作品のスケールの大きさ（新聞少年が主人公ながら）を激賞、今回読み直しながら、夏さんの後年の自死を思い、込み上げてくるものが！　伊丹詮作は、むろん伊丹万作のもじりで、東宝演劇部プロデューサー氏でした。

ＭＭ名物（らしい?）〝FIVE RANKINGS〟（星取り）は小田克也、北川れい子、松田政男、山根貞男の4氏レギュラーに、坂本義雄、塚崎直美さんがゲストで、ゲストのお二人は共に蟹座（お年は一回りほど違えど）という奇遇?（ＭＭを覚えて下さっているかしら?）

この欄、今回は発行の空白もあったので、132作も取り上げており（何かと追跡の難しいピンク、ポルノも逃さじ、の意気込みのＭＭなのであります！）、『天使のはらわた 名美』（80）の（意外な?）低評価に感慨?　反動誌（！）ならともかく、レギュラー4氏はロマンポルノの同志的（?）存在ともいえるはずなのに！

そう、ＭＭ誌は映画的同志に（しか）呼びかけているような印象を持たれたかもしれないですが、さに非ず、批評の孤独（！）を恐れない、がスタンスだったのです！（自讃なんて、無限にできちゃいますね、ハハッ！）

ヒロイン、名美に対する〝村木〟2代目の地井武男は同じ釜のメシを食った仲だって言うのに、ゴメン！（カマと言っても、Backではありません、悪しからず！）

もう一つ、ＭＭ名物（！）、マンズワイン一面広告（むろん、過分のお代を頂戴し候！）は『アラモ』（60）のパロディで、マンズワイン共和国を夢みて、酒倉アラモ砦を守る、ジョン・ワイン、リチャード・ブドウノマーク、ローレンス・ハーベストらの命運やいかに、と。

次号のメイン・インタビューは、金子信雄さん、と版ヅラにあり。自らにカセをはめると共に、ちょっとの余白（版ヅラ）もムダにしまいぞ、のメッセージも?

さて、金子信雄さんのご厚意、報われたるや?　時に（また、また！）、ＭＭは読者欄で持っているのでは?　と陰口ならぬオモテ口をたたく無遠慮な手合いがいたもので、それほどでもォ、と鷹揚に対応していたが、（プロの寄稿家さま、すみません！）、ペラペラ誌で4ページ占領の読者欄（Letters）だが、これはページを埋める対処にあらず、面白く、為になるからこそ（実際、読みであり！）のスペース確保、と今こそ胸を張れるのです！（これで今回、自讃は何度目?）

●第22号

昭和55年5月1日発行。5ヶ月ぶりの発行で、メイン・インタビューである金子信雄さんにお届けしたら、どうなったのかな、気になっていた、と優しく言われた。

表紙はブラックを基調にイエローで彩り。下半分に、金子信雄氏が両手を広げた、やや横向きの写真。ハイブローな表紙だが、何しろ、表紙にブラックはタブー、を破る野心満々の試みであります。（デザイン＝黒田邦雄さん）。定価280円。

表2は、ＭＭバック・ナンバーの表示だが、上方に余白を作って、〝若山富三郎さん　受賞おめでとうございます〟と謳い、ブルーリボン賞、キネマ旬報、毎日映画コンクール、日本アカデミー賞、と賞名を列記。ずいぶん派手に賞をお受けになったんですね。軍人と俳優ほど勲章を欲しがる人種はいない、はミシマ発言なれど、浮世は賞歴と共に語られがちですよね、訃報など最たるものでして。ご案内のように、ＭＭ第14号は、若山さんのインタビューを掲載しております。

さて、高平哲郎さんによる金子信雄さんインタビューの、面白いのなんのって、読み直して、涙、ナミダであります。知的で諧謔的で、人間賛歌！　こんなハイレベルの読み物が、ペラペラの雑誌で読めた驚き！　写真＝田辺幸雄さん

（自讃の手、緩められませぬ！）。フィルモグラフィは丸々３ページに及び、２７８作を記す。生嶋猛さんの大労作で、佐々木美規慎さん＋本誌、の名も添えられている。

松田修センセイ『旅芸人の記録』（75）論第2弾の掲載あり。お約束（センセイとの）を果たせ、ホッ！（果たして次号は出せるや、と自分に祈るように過ごしおり候）

アキラ［小林旭］25周年記念リサイタル（芝郵便貯金ホール＝現・メルパーク東京ホール）報告を、長瀬武彦さんがシビレんばかりにレポート。ゲストに高品格、南田洋子、川地民夫、江木俊夫、梅宮辰夫が登場したらし。こんな豪華なイヴェントを見逃していた自分が許せん！

長瀬さんは、アキラが多羅尾伴内の扮装で出てくるくらいの〝お遊び〟が欲しかった、と欲張っているが、それはないですよね？　伴内はアキラ・オリジナルではないし、それにコケタし。同作の新宿東映の初日（？）舞台挨拶でアキラは、この次は（シリーズ第2作には）、もっとたくさんの方が来てくれるよう、と発言、私は落涙。新宿東映とワンブロック先の在りし新宿日活のナンの映画だったか、舞台挨拶の折の割れんばかりの場内の記憶がアキラ氏に甦ったのは間違いないですよね。2作目『鬼面村の惨劇』（78）は？（アキラ伴内はこれにて見納め！）

ついでながら、アキラ氏はＭＭがインタビューを切望しながら叶わなかったスターであります。ＭＭをパラパラめくりながら、どうもなぁ、と！　直接会って、断ってくださっただけでも、十分、ＭＭに敬意を払ってくださった、と思っていますが、後年思えば、私の粘り不足？　続いて、日活編集者として出発した鵜飼邦彦さんによる「ＮＫマークの同窓会があった」は短い文章だが、日活ＮＫマークはスクリーンから消えた（79年）が、日活旧友会なる、日活撮影所育ちのスタッフの3年に一度の2度目の催し報告で、新旧３００名近くが集った、と。

さわやっこ、こと大森さわこさんによる「ハリウッド・ボーイ このごろ」はニック・ノルティ、ゲイリー・ビジー、リチャード・ギア、デニス・クリストファーらハリウッドの新顔（？）を紹介。

また、北川れい子さんが『ツィゴイネルワイゼン』（80）完成を手短に報告。清順監督は前作『悲愁物語』（77）完成の際、この次は10年ぶりと言われないようにしたい、とおっしゃった由で、3年ぶり、は慶賀に堪えませぬ。

そして、映画界の一大行事、ベストテンのＭＭ版発表。日本映画、外国映画、8ミリ16ミリ、ベスト・スタッフ＆キャスト、ベスト著作と、6部門の賑やかさで、8ミリ16ミリ部門以外は、いずれも読者選出併設。プロの投票者27氏（除く、ウラサキ）の顔触れの多彩さに、ただただ、感謝の念措く能わず！　自分の図々しさ、というか、自負にもカンシン！　テン結果をここに紹介したいが、割愛させて下さい。

読者欄Letters は掲載した52氏の記名を目次に記している。映画誌で（広く雑誌でも？）、投稿者を下にも置かない敬意の払いぶりは、広く世界でＭＭだけでは？（セカイの雑誌事情は知りませぬが！）

表4は『ランニング』（79）広告（日本ヘラルド配給）で、マイケル・ダグラス（製作・総指揮も）がねじり鉢巻きで板敷き橋を正面向きで走っているところ（かっこいい）。

読者招待試写会は『ジャグラー ニューヨーク25時』（東宝東和）、『ランニング』（日本ヘラルド）、『徳川一族の崩壊』（東映）、『ファイナル・カウント・ダウン』（富士映画）の4作で、ご提供各社に感謝しきり。ＭＭの試写招待は当選確率が高い、が読書の間で秘かに（！）囁かれていたようだが、どの映画会社だったが、試写当日の試写状回収率が低い、と一度、言われたことがありましたっけ。つまり、ちゃんと配布されているの？　と。試写状の分の応募者はいるのか、ということのよう（各社のご厚意に甘えすぎていたか！）。

●第23号

昭和55年8月1日発行。前号同様、ロゴタイプの上方に右の文字と共に〝'80 August ムービーマガジン〟を記す。

和田浩治の表紙で、ブルー一色に見えながら、レッドをさりげなく配し、ブルー、レッド共に網掛けを施し、２色以上の多色刷りにも思え、粋です。（黒田邦雄さんデザイン）

日活男性スター陣は、裕次郎、アキラ、赤木、錠さんと次々と現れたが、和田浩治の登場で一気に若返った。自分たちと同年齢のアイドルが現れた、と思ったもので（１９４４年生まれで、私と同じだが、浩治さんは早生まれで、学年的に一つ上）、親近感ただならず？　浩治、浩實と名前も似てなくもないしね！（似てないか？）サブタイトルに〝映画デビュー20周年〟を謡い、来し方20年を回顧。40歳を過ぎたら、ケーリー・グラントが演（や）ったようなアクション・コメディを演ってみたい、とおっしゃる。東銀座の歌舞伎座と晴海通りを隔てた露路裏の店での取材だったと記憶するのだが（？）、路地の塀に持たれるようなスナップ風写真等々印象的。「和田浩治はいい顔をしていた」「四〇代になると、もっといい顔になるに違い」云々と高平氏インタビューは閉じられるが、42歳で他界、和田版ケーリー・グラントは叶わなかったです。残念！

この特集には脚本家・山崎巌氏が「日活アクションの栄光」の題で和田デビュー作の誕生秘話を、映画評論家の渡辺武信氏が「少年スターから男の哀愁へ――和田浩治の二十年」で和田のこし方、と力稿を寄せて下さり、厚みのある和田浩治特集になっている。

思い出すだに赤面してしまうのだが、後日、「山崎巌だが！　原稿料まだ貰ってないけど！」と怒気含みの電話を頂いたのでした！（原稿料、ユメみたいなことで）慌てて、お送りしたが、いくらにしたか、まるで記憶になく！（未だお送りしないままの方々ばかりで、差異にお許しを！）で、お送りした旨、電話を差し上げたら、奥様らしきかたが電話に出られ、〝すみませんねェ、ウチのは気短で！〟と（電話口で、ワタクシ、泣きましたデス！）。生嶋猛氏によるフィルモグラフィも、むろん、あり。

冨士田元彦氏による「深尾道典の反世界」は、新刊のシナリオ集「山手線目赤駅」論、の副題があるが、監督としては寡作だが（２作に止まれり）、大島［渚］組との共作シナリオや、未映画化シナリオ集も数点と多彩で、広い視野から深尾世界を捉え、細字で５ページにわたる力論。ＭＭ誌の中でも、異色・異例の掲載となった。

関本郁夫監督の「連載・映画人烈伝」第五回目は「小沢茂弘－職人監督の栄光」は助監督として小沢作品に最も多く就いたという関本監督が、易者に転じた小沢氏に二年半ぶりに再会、対談した記録。

黒田邦雄さんのコラムふう連載「真夜中はスターがいっぱい」は、コッポラ『地獄の黙示録』（79）にヴィスコンティ『地獄に堕ちた勇者ども』に共通する性的エクスタシィを見るという氏ならでは論に加え、『クレイマー、クレイマー』では子供が、走っている大人たちをことごとく邪魔して動きをとめる、と嘆く（なるほど！）。

小田克也氏「韓国の映画と人との出会いを求めて」は小田氏の現地取材記で、〝ソウル80春〟の副題。日本の韓国映画ブームを先取りすること、四半世紀？　貴重すぎます！

新連載コラム「初めに女優ありき」は北川れい子さんによる、女性による女優論で、毛穴までさらけ出して熱演するタイプはダメ、と実例を挙げた後、山口美也子、大楠道代を賞賛。

更にコラム的映画評では、清水邦夫氏が田原総一朗との共作『あらかじめ失われた恋人たち』（71）製作時を〝新しいアクション映画〟を作りたかったらしい、と述懐。

桂千穂氏『柳生武芸帳　十兵衛暗殺剣』（64）は近衛十四郎・大友柳太朗の両〝剣豪〟の決死的戦いを賞賛。

大森さわこさんが、幻の未公開名作『バッドランズ』（テレンス・マリック監督）のＴＶ放映『地獄の逃避行』（73）に接して感激を記し、伊地知徹生さんが、ぴあ主催OFF THEATER FILM FESTIVALで観た立教大生、本田俊也監督『SWEET CAREER GIRL』を紹介。

今号で記憶からすっかり消えていたのが、「79年度ベスト・ムービーズ PART 2／TV放映劇場未公開作&TVムービー」で、未公開作ベスト1が『サイレント・ランニング』(72)で、TVムービーベスト1は『暗殺　サンディエゴの熱い日』(72)、後者のファースト・ラン(初放映)は75年11月15日、テレビ朝日、と断っている。

両テンの選者は、井口健二、宇田川幸洋、北島明弘、北村孝志、篠田礼、西脇英夫、の5氏で、頭が下がります。有難うございました。

呼び物(かも)の「FIVE RANKINGS」は134作を挙げ、いつもの4氏に石井広一、吉田敏行のお二人が読者参加。『ツィゴイネルワイゼン』の高評価、やっぱり!

名物のマンズワイン・パロディ広告は「STAR WINES 3」で、宇宙の果て、葡萄星雲＝マンズワイン星雲を巡る攻防を描く。

新作読者招待は『ジャバーウォッキー』(75)『鉄騎兵、跳んだ』『狂い咲きサンダーロード』(共に80)『モンティ・パイソン・アンド・ナウ』(71)『元祖 大四畳半大物語』『インフェルノ』(共に80)と6作も。提供各社に感謝あるのみ。

表4広告は「MAKE LOVE メイクラブ」(グローバルフィルム配給)で、第5回エロチカ大賞5部門受賞という由緒正しき洋ピン! MMは権威主義ですって!

●第24号

昭和55年12月1日発行。本文ページ数48(ノンブルはいつもながら表1、2をカウント)で、定価280円も変わらず。

メインのインタビューは遂に、池部良! 池部の前に二枚目ナシ、池部の後に男優ナシ、のかの池部良さま! 天下の池部さまが遂に「池部良の40年」としてMM誌登場、雑誌界の大事件でありまする!(〝中〟事件くらいだって? 手討ちにしてやるまいか!)内容の濃さ、言うももどかし。高平哲郎さんのインタビュー、田辺幸雄さんの写真。デザイン・黒田邦雄さん。

今見る、同号の池部良は若々しく、ナマのご当人も気品あふれるようだった。確か、三島由紀夫でしたかね、東映仁侠映画で、池部良が出てくると、さしもの高倉健も影が薄い、と評していたのは!! あッ、MM誌最大の販売部数を記録した高倉健号の大恩を片時も忘れたこと、ありませぬ!(八方美人か、おマエさんはって? とんでもない、十六方ビナンなんです、ハイ!)

『昭和残侠伝』(65―72)出演は、俊藤浩滋プロデューサーの慫慂《しょうよう》によるとのことだが、慧眼でしたね。動的な身体の健に、静的な(ニヒルな)良さまという対比が一層、劇的・映画的にしている、今更のようなれど(もとより、良さまには前哨戦のような『乾いた花』〈64〉がありますが)。フィルモグラフィ作成は佐々木美規慎さん。

「ごひいき対面」は、小林麻美vs宇田川幸洋さん。文字化も宇田川さん自身で、そのファン度は尋常ではありませんでした! 少年のよう、というか少年殺人鬼(!)のようで、今にも刺し違えんばかり(!)、麻美さん、怯えたかもよ? は、まぁジョーダンですが、ユキヒロちゃん、耳たぶまで真っ赤にしてやんの! 「ウブね!」がMMの結論でありやした、ハイ。

「ごひいき対面」とは謳っていないが、「大和屋竺の詩と真実」は黒田邦雄さんが、大和屋世界に切り込む対談で、対談の文字化も黒田さん自身。まとまった大和屋論として先駆的のはずで、綿密なフィルモグラフィともども、重要度高し。竺の読み、アツシ、はもう常識ですよね。にしても、黒田さんの美意識の奥行よ! と、ご生前にワタシ、申し上げています? 上記、2対談の写真は、前田康行さん。何かと便利にお使いだてし、申し訳ありませんでした。

座談会「われらの時代の映画」は大江「健三郎」〝われらの時代〟(59発表)に倣った(古風な?)タイトルだが、山川直人、山本政志の両〝山〟による、映画新時代の到来を伊地知徹生さん司会と共に自在に語り合ったもの。

新時代と言えば、北川れい子さんの「映画は血の予感」は進境著しい斎藤信幸作品をインタビュー＋批評形式で論じ、大森さわこさん「大森一樹とハリウッド第9世代」は大森作品の出自（?）を巡るユニークな見立てで、「ブライアン・」デ・パルマと大森作品の相似を問い、ご当人を面食らわせて（?）おります。

「東陽一は自作の本質を知っているだろうか?」はエッラそうなタイトルだが、不当（!）に世評高い〝東〟映画への異議申し立て。書き手の梨田正二は不肖、ワタクシ以外考えられない。プロ野球の定岡正二、梨田昌孝にあやかっています（あやかるにもイケメンが条件!）。

「世紀のポルノ『カリギュラ』（80）、その反応・お国ぶり」はニューヨークを高平哲郎さんが、パリを山田寛さん（演劇プロデューサー）が、TOKIO（東京）を長沢伸幸さんが報告。長沢氏が思い出せず、申し訳ない。

小牧薫「メタモルフォセス・神代辰巳映画」は、ヒロインが絶えず変身・脱皮・成長する神代作品を論じる。（投稿）と文末に。ＭＭ投稿者のレベルの高さよ!

読者ページは巻頭「Letters」欄があり、別枠で「映画館問題は燃えている!!」では映画館の今日的課題が読者によって論じられ、中ほどに「Letters Special」、巻末に「ファン・東奔・西走」も読者欄というオモテナシ。巻末の方は情報欄を兼ねているが、読者の意気の高さ、ＭＭの作り手自身をとうに凌いでいそう!


書評の「初版・重版」欄では、「ポスターでつづる東映映画史」（青心社刊）を大川隆さんが、蓮實重彦・山田宏一著「トリュフォーそして映画」（話の特集刊）を犬童一心さんが、梅チャンこと梅林敏彦さん著「シネマドランカー荒野を走る監督たち」（北宋社刊、仮縫室・発売）を服部義博さんが、児玉数夫著「キートン!キートン!!キートン!!!」（ブロンズ社）を金丸弘美さんが、百恵のベストセラー「蒼い時」（集英社）を北川れい子サマが評しているが、その「蒼い時」を〝とりあえず百恵自筆の自叙伝と信じ〟た上で、ジャンヌ・コルドリエ著「パリ娼婦の自伝・夜よ、さようなら」（読売新聞社刊）との、感受性の相似を論じ、天下の百恵ファンの怒り、押し寄せるを辞せず、と決死的掲載（!）なれども、コトもなし。百恵ファンって意気地なし? マイナー誌と侮ってスルー? それはないよね! 共感よね。（「夜よ、さようなら」は映画化もされ、80年日本公開）

「FIVE RANKINGS」は１２８作を取り上げ、レギュラー四氏に読者の朝倉和也さん、山下悦男さんがゲスト。

コラム「あの頃」では『八月の濡れた砂』（71）の広瀬昌助が往時を語る。バイク事故の沖雅也の代役で、後年観直して、同作の良さが分かった、と。広瀬は若く死んでしまい、同じ釜の飯を食った時期があっただけに、今記しながら落涙してしまう。

読者招待映画は『震える舌』『幸福号出帆』『イエスタディ』『ブルベイカー』『エデンの園』に加え、慶応大シネクラブ・アネックス提供の「三田祭 石井輝男の夕べ」も。石井監督が自作についてほとんど初めて語る予定で、『花と嵐とギャング』（61）上映も、と。入場料５００円のところ、ＭＭ持参者は無料と。ＭＭは大学映研にも信用あったらしく、当日はＭＭ持参者でパンク?

マンズワイン広告は表4に。『ベン・ハー』（59）パロディで、どこまでも知的であります。

……と、これでＭＭ２８０円? 0が一つ足りないんでは?（と口々におっしゃって下さる前にあえなく……）

蛇足のようながら、先に、この号の読者ページ別枠で「映画館問題は燃えている!!」があること記したが、時間飛びまして、ＭＭ31号（終刊号、不本意な!）で読者による「人はなぜ映画館で映画を観るか・序章」特集ページあり。

コンニチ只今、コロナ下で、映画も配信で見る（断じて、観る、に非ず）時代になってしまったが、遥かなる時代、ＴＶが出現したとき、これを映像と呼ぶのは我々の恥である、を憤った映画人がおられたが、配信映画! もうおぞましくって! 情報手段に過ぎないが、追々、公認されていきそう。思えば、映画が現れたとき、演劇界の猛烈な反発を受けたんでしたっけ!

第16回 遂に完結。最終号へ…しかし…

全31冊総目次（その12）

（二〇二一年三月十五日）

世界に冠たる、映画本、芸能系（！）本の書肆として、国書刊行会か、ワイズ出版か！ 後者の岡田博社長から、若山富三郎が表紙の号（第15号）、ないか？ 確認したいことが、と。ありますとも！ 今もって、ムービーマガジンを必要として下さる方が、地上におられるのだった！（落涙！） それにしても？ 氏が確認したいことって！ ページを繰るも、見当つかず。イヤラシ系、ないしィ？（すみません、ジェントゥルマンに！）

ついでながら、論叢誌2号前の拙文を読み返し、過剰な自画自賛、に驚くまいか！ これは批評家の文章に非ず、批評家たるもの、まず自分に厳しくあらねば、ね！（とまた、同業者にあてつけを！） 以下、心を入れ替えた（！）筆者の冷静な回想になるらん！

●第25号

昭和56年3月1日発行。表紙ロゴタイプ上方の表示に続いて、80 March と添えられているが、もとより81 March ですよね。ッたく、元号と西暦との換算さえロクにできない！（目次での表示は辛うじて、合ってます！）

本文48ページ、定価280円変わらず。

白い表紙に、ロゴタイプは薄紫（？）で、内容を知らせる大書の見出し（4つ）はスミ色、その4つにロゴタイプと同色でそれぞれに謳い文句が！ そのセンスの良さに、（今の私は）平伏す！ 自画自賛〝自粛〟、どうした！ 黒田邦雄さんのアート・ディレクションのたまもの。MMにとり大恩ありし方なれど、2019年11月17日に秘めやかに（？）亡くなっておられたことを、ずっと後になって知る。感謝の意をロクに伝えることもしなかったはずで、つくづく、恩知らずのMMなのだった！……それは、忘れようぜ！（チョーシよくネ？）

ともあれ、第25号は会心の一冊なのだった！（毎度、言ってます？） 内容紹介するのも、モッタイないが（言わせて！）、のちのちまで重宝がられたのは、「中川信夫、全作品を語る」で、本文たった48ページ中、16ページも占拠。対談の原稿起こしは、毎度ながら、北川れい子サマ。大変でしたよネ！ あなたの献身（！）を思うと、今もって、寝床で布団をかぶり泣かない日はありませぬ！ 記事のリードに曰く、「……傾倒する桂千穂氏が、万感を込めて聞く中川監督の来し方……秘められた傑作の全貌、貴重な日本映画裏面史」と。中川監督のご自宅（小田急線・南林間駅だったはず）にお訪ねし、監督もステテコの軽装で気取らず、長時間、思うまま語り、思うままお尋ねしたはず（写真・前田康行さん）。

この企画の提案者も桂千穂氏だったはず。MM誌には、いろいろ寄稿、この方にも大恩あれど、おあいこかもね？ その追悼文（本年8月13日他界）で私はワルクチに終始し（キネ旬10月上旬号）、長年の胸のつかえ（！）を下ろせり（笑）。

この対談には、中川監督の弟子格の監督・鈴木健介氏が付き添っていたが、鈴木さんは、中川監督が亡くなると（84年6月17日歿）、監督の日本酒と豆腐好きに因み、〝酒豆忌〟なる偲ぶ会を毎年持ち、中川監督にゆかりありし人が集って語り合ってきた。映画人を偲ぶ会（総体としての映画人でなく、個別の！）が、ずっと持続されているのが、世にどのくらいあるかしれないが（稀少のはず！）、今年の酒豆忌は、コロナ下、開催を見合わせます、とお葉書が。

「倍賞美津子インタビュー」は高平哲郎氏、写真・田辺幸雄氏。倍賞さんのザックバランさに圧倒されます。笑いながら、「性生活については聞かないでね」と。聞いたろかい！（聞けばよかった、残念！）

「ウィリアム・フリードキン、インタビュー」は『クルージング』日本公開（81年1月24日）を前に、来日した同氏への突撃（！）インタビューで、黒田邦雄さんによるもの。写真・前田康行さん。実に率直で豊かな内容。配給の東映洋画の、ご高配に感謝ひとしお。通訳は戸田奈津子さんで、来日映画人の通訳の第一人者でしたね。どなただったか、戸田さんの頭の回転の速さに、感激していた来日映画人がおられたものだが、ひょいとネットを見ると、誤訳の女王？ ッたく、ヒトはどこで妬まれるか分かったものではない。超訳の超女王なら、チョーナットクなれど。（当方の英語力、ファック・ユー止まりですが！）で、取材の別れ際、フリードキンは黒田さんに、ニューヨークに来たら、電話しなさい、と電話番号を教えてくれた、と文末にある。どうせ来ないだろう、とタカをくくった社交辞令ではないはずで、この思い出だけで生きられますね（黒田さん、電話したかしらん？）。黒田氏ももう異界の人。

「ベスト・ムービーズ80」年の結果は、日本映画『ツィゴイネルワイゼン』第1位は想定内なれど、第2位『幸福号出帆』にMMの気概が偲ばれません？

ともあれ、堂々の映画雑誌の風格か、も？

●第26号

280円、180g。本文80ページ。コート紙を巻頭、中ごろに使用し、ツカの厚みと、グラビアっぽく、のアンバイ。後の号の既刊号紹介（〝BACK ISSUES〟欄）の簡潔さに依拠して、カンケツに（横着し！）記すことに！

定価の表示の下に、〝g数〟が記されているのはなぜかって？ MMバック・ナンバーを直接購入して下さる場合の郵送料（定価と別に）が必要となるからで、むろん、まとめ買いの場合、1冊1冊の送料でなく、重量の総体が、送料。その料金も同欄に表示し候！

〝売り〟のメイン・インタビューは、沢田研二さん。マイナー誌にもかかわらず、機嫌よく、応じて下さって、まことにありがとうございました。インタビュアー・高平哲郎、写真・田辺幸雄です。

斎藤寅二郎（寅次郎）自叙伝「奇人・変人・喜劇人」第1回。鈴木義昭さんのルートで掲載に、の記憶です。斎藤監督は、寅二郎の表記では作品を発表しておられないが、『男はつらいよ』の寅次郎が有名になりすぎ、やむなく、とおっしゃっておられた。MM誌では、完結まで掲載できなかったが、ご本にまとめられていますよネ？ お住まいが、成城でしたね？ 奥さまが、人気女優だった浪花友子で、お茶の師匠をしておられ、その立派な構えの茶室を、左に見て（右だったか）、ご本宅の玄関に至るのだが、ちょっと、表に出ましょうか、家内がうるさいのでね、とおっしゃったのが思い出される。ニンゲンの記憶なんて、あまり生産的なものではない、らしい（そりゃ、お前さんのレベルよ！ ハイハイ）。

「McCOTOWALL〈手塚眞〉のふしぎな世界」は犬童一心さんの手塚真映画へのアプローチ。私には全く不案内なセカイなれど、映画誌として先取りせねば（！）の世俗心が、掲載に至ったのだろう。

「加藤泰、ミニ・インタビュー」のきっかけ、思い出せず［当初、評論家の山根貞男氏にインタビューを依頼したところ、若い人の起用を進言され、加藤泰ファンでミニコミ誌の発行者であった鈴村たけし氏が一回限りだった試写会後に行った］。「『ええじゃないか』エキストラ体験日誌」他、山根貞男、松田政男氏らの連載、中島崇氏の力論も。

そうそう、本号では前号に続き、MM版ベストテン（ベスト・ムービーズ）の80年度発表があるが、前号で記載しきれなかった「8ミリ16ミリ部門」及び「読者選出部門」を掲載。8ミリ・16ミリ部門を（日本映画、外国映画の区分けと）別枠にしたのは、却って差別では、と現場から疑問が寄せられたことを記しておきます。

話がコンニチただいまに飛ぶのだが、ベルリン映画祭が次回（2021年）から、演技賞で男優、女優の区別をなくす、とか。それが性サベツ解消には却ってつながらない、というご意見に当方も理がありそうに思う。性差アイマイ賞とかの新設はどうです？

●第27号

手元に無し。早大演博図書室か、松竹大谷図書館が所蔵してくれていると有難いのだが（自前のモノの所蔵も、人さまが頼り！）、比較的気軽に利用できる（歩いて行ける距離）の演博さんが、コロナで休館、そのあと大学の夏休み、と延々、利用できず！　ちょっと再開されたようだが、うっかりしているうちに再度の緊急事態宣言で利用が難しくなった。

次号28号の〝BACK ISSUES〟欄（既刊号紹介）に拠れば次の次第。380円（130グラム）。100円も定価アップ！　グラム数が前号より少ないのだが、減ページした、ようでないようで、180を130と誤記したるや？

桃井かおりインタビュー／斎藤寅二郎自叙伝「奇人・変人・喜劇人」（第2回）／竹中労「映画街横断―序章・曼殊沙華　炎の中にねむりたし」／高間賢治「映画はアメリカだ！」（第1回）／相米慎二インタビュー／淀川長治インタビュー／柳町光男インタビュー／内藤誠「ガルボをまどろむ」／ベスト・フィルムズ81／他

［※記追］手元になかったが、ワイズ出版が探し出してくれ候！　メインは桃井かおりインタビュー！（男優路線で来たMMなれど！）きれいに撮ってくれて、とご当人は言った記憶ですが、ホントよねェ！（ダレかと思ってしまう！）

恒例「Best Films」の日本映画第1位は『陽炎座』（81）。見よ！　この見識、洗練を！（某誌はドロがなんとか言うんでしたっけ！）で、読みどころ満載号であります（ヒトゴトみたいだけど）。柳町光男監督、相米慎二監督などインタビュー満載！　そう、MMはインタビュー誌だったのであります。

［※目次補足：映画『九月の冗談クラブバンド』（82）完成インタビュー　長崎俊一、日比野幸子、山川直人他／映画『さらば愛しき大地』（82）柳町光男監督インタビュー、安西志保プロダクション・マネージャーに聞く／GRAPH（桃井かおり、ウォーレン・ビーティ、ハリソン・フォード、ダイアン・キートン、ライアン＆テイタム・オニール、バート・レイノルズ、ジェーン・ヒッチコック、根津甚八、秋吉久美子）／REVIEW／読者ページ「Letters」］

●第28号

本文80ページ、380円。

迷えるMMがいっそう鮮明になりしか？　などと記すと、この号の、寄稿者始め関わりありし方々に無礼になるや？（なりますね！）

いやはや、目のくらむような充実（！）ぶりは、表紙に謳った記事項目に明らか、だが、その前に、毎度ながらの言い訳を後記ならぬ〝編集前記〟に見てみませう！

長いですが、まんま、転記！（カッコ内は、現時点の加筆！）「ほぼ一年半ぶりの発行ですが、お求めくださる読者が、たぶん、まだいてくださるだろうと念じています。（ケンソンのようで、自信のほどを嗅がないか！）。雑誌なんて、いつ発行してもいいようなものですが（開き直るんだァ！）、内容は、しかし、新しくなければならない。一見しておわかりになるように、この一年半のさまざまな時期に書いていただいた原稿で、執筆者はまるでピエロで、まことに申し訳なく思います。一年半のさまざまな時期とは、挫けた気持ちをとり直して編集にかかり、また挫けて、の繰り返しを意味しますが、発行が延びれば延びるほど、気持ちは萎えるばかり！」（トーゼンであります）。以下、死力をつくして、発行しただの、自分が書いたとは思えない往生際の見苦しさ！（まんま、オイラね！）次号は「2月末‼ この時発行できなかったら、MMはもうツブす！」と（自殺）予告……！

で、冒頭に戻りまして、表紙に明記したこの号の〝売り〟をボー書きで！

宇崎竜童インタビュー／竹中労「映画街横断」（2）、（〝お芽出度いぞよ、丹下左膳〟のサブタイトルが本文に）／高間賢治「映画はアメリカだ！」（2）／「ロマンポルノひとまわり目の――若手監督をとりまくもの」「マネーメイキング・スター――ロマンポルノの場合」「ベスト・ワン映画は生き残れるか！」「リン気を出さずに受賞者を出せ――日本映画監督協会新人賞」「MWA賞の来し方」に「BEST FILMS 82」。

MWA賞とは聞きなれないが、アメリカ推理作家協会賞です。どうだっていいじゃん、と言われそうだが、アカデミー賞とか、ベストテンとか、にナニか風穴を開けたい思いがあったのだ（自画自賛、聞き飽きたぜよ！）。

この号、〝売り〟になりそうなのが（なったかもしれないのが）、「マネーメイキング・スターロマン・ポルノの場合」（解説・北川れい子サマ）における、大女優10名の神々しきハダカ！（待ってましたッ！ 罪作りな雑誌！） 女優のハダカ写真を容易に掲載させてくれた時代、提供して下さった映画会社に感慨ひとしお！

「ロマン・ポルノひとまわりめの――若手監督」は座談会で、出席者の賑やかさにも隔世の観が。司会・山根貞男氏（忘恩の数々、お許しを！ 許されないか！）。

「BEST FILMS 82」の日本映画一位は『さらば愛しき大地』、外国映画『ブレード・ランナー』、8&16ミリ映画部門『ニッポン国 古屋敷村』「すべて82」、ほか、日本映画殊勲者、BEST著作、の選出あり。今見て思うのは、選出らのメンツのにぎにぎしさで、この人たちと交流あったんだ（あるいは、無遠慮に頼んだか！）と、これまた感慨を催せり！

アメリカ本国での封切作品を、「タイム・アウト」誌など情報誌から、手間暇をかけ、訳出して下さったヘラルド映画宣伝部のあの方、本当にありがとうございました。私は「観覧車」を発行していた習性から（?）、情報への偏愛が氏に無理強いしたでしょう。遅まきながら、お許しを！

コラムに愉快なのが数点あり！

●第29号

本文は48ページに戻り、ぺったりし、定価は380円で据え置き！（テイのいい値上げでありんすね！）

表紙が、通常なら、メイン・インタビューの千葉真一でなければならないが、何をトチ狂いしや、『バーディ』（84）のマシュー・モディーンなのだった（それも〝ピンボケ！〟）。千葉さん、お許しを！ インタビュアーの高平哲郎、カメラマンの田辺幸雄のご両所（に断りもなく）もさぞ、怒りを覚えたはずだが、千葉さんの事務所含め、抗議めいたこともなく！ 私は何と寛容な方々に出会ったことか？

目次から主だった掲載記事を（上記の他に）挙げると、「トリュフォー・インタビュー」（C.V.HARRINGTOINN〝伊原三映子・訳）、「池田敏春の過激なジャンプ」（取材・起稿＝北川れい子サマ）、「西村潔監督の華麗な世界」（主席者・友和、紺野美沙子、矢吹二朗、山田順彦、桂千穂、西村潔で、このメンツによる座談会がなぜ可能だったのだろう?）、加えて、竹中労「映画街横断」連載（3）は、在りし映画館「上板東映」クロージングで催されたイベントの数々の大報告。そうですよね、名画座の消滅は、映画（古典）の消滅を意味してた、んですね。

さらば、映画よ、さらばMM、なんちゃって！

●第30号

これまた手元に見つからず！ 右の27号の場合のように、次号のバック・ナンバー紹介欄に頼りたいところだが、同号、同欄を設けておらず！　演博図書室［早稲田大学演劇博物館図書室］、松竹大谷図書館の所蔵など調べてみます。ある、を願って！

［※記追］版型をB5版に！　ショーバイ、商い、とはアキナイの意らしいが、ワタクシ、すぐ飽きちゃうんでしょうかね？（目立った成果が上がらなかったからではありましょうが！）

この号、主に外国のスターのブロマイド集のよう！　思うに、この頃、スチルが自由自在に使えたのだった！　闇でナン十万円もしてる号かも、なんちゃって！

［※目次補足：カバー写真　トム・クルーズ／star reel ロブ・ロウ、アントニー・ドゥロン、ブラッド・デイビス、ジョン・ローン、ゲイリー・オールドマン、マシュー・モディーン、仲村トオル、マイケル・ウォン、ショーン・ヤング、ホリー・ハンター、ミミ・ロジャース／宮川一朗太インタビュー（2年前に行われたインタビューを掲載とあり）／Review（マイケル・J・フォックス、イレーネ・パパス、ジーナ・ローランズ／キューブリック＝クラーク＝左京　テクノロジーをめぐって／BEST FILMS 87／スター1987年の10人／（ジェフ・ゴールドブラム、イザベラ・ロッセリーニ、メアリー・スチュアート・マスターソン、デニス・ホッパー、秋吉満ちる、陣内孝則、鶴田浩二、石原裕次郎、田中裕子、吉川晃司）／特集・映画館］

●第31号

いきなり、判型をA4に変更。せっかくヒラ綴じで頑張ってきたのに、中綴じに（初心に！）逆戻り。厚手のコート紙で、束《つか》を出し、写真映えを良くし……という涙ぐましさ！

のちに思うに、自分が作りたかった雑誌モデルは、ライバル（！）のキネ旬にあらず、「映画の友」「スクリーン」だった、らし。故郷の小さな町（沖縄県石垣市）の書店（2軒は在りし）の平台にあったこの洋画誌を妬んでた、のだった！（「ロードショー」誌はずっと後発ですよね！）で、この号の表紙ロゴの下に、〝スター・インテリジェントのための―〟と。わかるかな？　たぶん、知的（！）スター雑誌、の意ならん！「映画の友」「スクリーン」を超越しないでか、の意気込みなるらん？（ホラっていくらでもふけるものですね！）

で、計21名の内外スターを取り上げ、そのスター評（批評です！）とともに掲載。今見て、まるで知らない〝スター〟も！　A3サイズの岡本健一［元男闘呼組］のスチルが、挟み込みのごとく真ん中に。すぐ、外せて、壁に貼るなり、トイレに貼るなり、どうぞ、という大サービス！　MMが遂に漂着したる理想のスタイル？（もう一人のウラサキによる特産品？　でしょう）。

それにしても、映画スチルがかくもふんだんに、MMごときが使用できた驚き。もう少し後の時代になると、スチル使用に制限がかかるようになったのでしたね。

右の、各スター評の執筆者は、全く、記憶にない人も。すみません。

インタビュー記事では、来日したオーストリアのニキ・リスト監督に取材したものを掲載。面白いカタなのだ。性はカラダの歌だ、とか、金のために映画を作るのでなく、映画を作ることに喜びを感じていきたい、とも。後者の言、今、これジョーシキでしょうね、ハリウッドとインド（？）以外では！　リスト監督、田中千世子さん（コーディネイト）、四方まやさん（通訳）、北川れい子さん（インタビュアー）の集合写真付きで、田中、北川両嬢、ピッカピカ！

評論的ページでは、山根貞男批判が見開きで！　この気合の入った文章ダレ？（オレ、かもね？）

「人はなぜ映画館で映画を見るか・序章」は、古くて（？）新しい問題を、〝映画館倶楽部〟（こやま申二、小尾あき、小暮洸のメンバー）が座談会ふうに語る。

「映画館の広告はモエテいる！」（署名の〝敦〟は富木敦の方でなく、佐々木〝淳《あつし》〟の誤記かも。小さな記事だが、テアトル福井が福井新聞に出したらし東宝『嵐が丘』(88)の広告に注目。キャッチコピーの一つが〝バスト総計251センチ!〟と。出演女優3人の、田中裕子82、石田えり86、高部知子83、と記し(数字の大きさ!)、〝悩殺濡れ場競艶!〟と、洋ピンも驚く売り込み!(これ、実測なんですか?)これからでも観たろ!(当方、自慢じゃないが、ペチャパイ・ファン! おふくろのソレですくすく育ったし! デカパイ雑誌、撲滅せん! ウチはどっちかって? ヒ・ミ・ツ!)この広告、今なら、セクハラ、パワハラで糾弾される?

映画館は偉い!(世間は窮屈になり候!)因みに、同館は、テアトル・サンク(チェーン5館)としてご健在のようで、当方生きてる内に、お訪ねしたきもの!

★(ホシ)取りは、約100作品を列挙し、作品総点は、●◎○の3段階、各出演者も☆及び★1ヶから4ヶまでと計5段階評価。スター・インテリジェント誌(!)の面目を施しております。

奥付け(?)にスタッフや印刷所など明記。限りなきご迷惑に、申し訳なく! ご恩ありし方々、来世ではきっとお報いしたく!(来世が、ワタシなどに許されてる、とでも?)

○第32号

これも手許に無し! ツゥか、地上に、ナシ!(発行されてないから、トーゼンでありんす!)

31号表2の下辺に、小さく、〝次号32号は、[特集・1990年のスター90人]ほかの内容で、2月下旬発売!〟と!(90を掛けてるらし!)31号の発行日奥付けの記載で、1989年2月1日、は2ヶ月くらい先取りしていそうだが、2ヶ月で、出るわけねェっての!(虚言家もついに追い詰められしか?)

ダラダラ連載、ご掲載と、ご愛読(?)に感謝申し上げ、引き取りまする!

ロンソー、覚えてろ、っうの! フルキズに触れさせやがって!(悪夢に悩まされ候!)

「ムービーマガジン '76 ベスト・ムービーズ表彰式」にて(著者)
※53 頁参照

Ending!

MMの大恩《おおおん》ありし方々は、お名前を挙げきれないのだけど、わけても、高平哲郎さんのお名前を忘れては冥土の旅もままなりませぬ。

氏のスター・インタビューありてこそのMMだったのであります。

氏とどういうきっかけで知遇を得たのか、思い出せず、申し訳ないのですが、(たぶん)芝居関係だったのかも?

インタビュアーの氏は、テープなど録らない。筆記ですが、それも、速記術などに頼らない、聞いた横から文字にしていくのです。それも空いての顔から目を逃さず! 超人的ですよね。今さらながら思うに! これも今思うに、テープ・レコーダー一派(今はスマホですかね!)は記録しテープなどに頼ってしまうのでしょうね!

高平氏は突撃主義(!)なんて言うと俗っぽくなるが、ニンゲン、一期一会《いちごいちえ》、取材相手を身体的に受けとめる!

かくて! 写真の田辺幸雄さんともどもモニュメンタルなスター・インタビューが打ちたてられたのであります! お礼を言いつくせませぬ!

完

不死鳥！ムービーマガジン

生みの親は邪険にしてしまったのに、それらミニ雑誌を労わり、なつかしみ、保存して下さった方々がおられたのだった！

そして、今回のワイズ出版から「映画論叢」旧稿をもとにした上梓！

何ぶん小心者のオイラなれば、同社の社運を傾けなければいいのですが！（大会社を悔るな！）

……思えば、あの頃のオイラ、蛮勇の限りをつくし、不義理の限りを重ね、不条理を恐れず……。あんなエネルギーが自分にあったフシギ！

……にしましても、「観覧車」「ムービーマガジン」（以下、MMと略称）に関わって下さった方々、ありがとうございました。

ほんとうに、ほんとうに、どんなにお礼を申し上げても、言いたりませぬ！

そして、往時の古傷（！）にいままた触れることに……（笑）。

寝た子を起こされ……コラッ、ワイズ！（感謝してます！）

雑誌作りも一苦労、ふた苦労でありしが、販売（ルート）となると、気の遠くなる作業・労働で、東販、日販にハナであしらわれ、栗田出版販売がわずかに窓口を開けてくれて、ミニ雑誌が〝公的存在〟に、と少し誇らしくなり！（限られておりしも）

のちに、地方小出版流通センターが旗上げしたのですが、それとて……。（忘恩ですね！）

と、本日朝刊一面下段にて、随想舎の地方・小の広告告知を知る。地方・小は堂々大手に伍しているらし！

ともあれ、一軒一軒廻って扱って下さる書店を〝開拓〟し、名画座を訪ね歩いて、委託を懇請し、模索舎、喇嘛舎、幻游社など、ご厚情に甘え……と！

顧みれば、委託を受けて下さった各位に頭が下がります。天下の紀伊國屋、三省堂、大盛堂（神保町の書泉……）といった大手でも委託を受けて下さった。

委託って、メンドーでしょう！ 預かる、売る、回収に際して、残部と照合、その代金を払う。相手の受ける販売料なんて微々たるもの。

今のオイラだったら、張り倒すぜよ！

氏らの〝義侠心〟に往時のオイラはどのくらい気付いていただろう！すみません！

販売店が同誌に記されておりしが、店名をたどり、ただ涙……。

さて、のちに「ぴあ」が情報誌に参入！（乱入？）

「観覧車」のA5版サイズはパリの「パリスコープ」やロンドンの「タイム・アウト」誌に倣ったものだが（イエナ他で購入せし）、「ぴあ」は堂々B5版。（これは大正解でしたね！）

創業者の矢内廣氏は、憶えておられないだろうが、「合同しません？」と持ちかけられたことあり！

あの時、合同（吸収）されてれば、よかったのにネ！ どこまでもオイラは先が見えないんでしょう。

その後、「ぴあ」は情報産業として成長！

ちゃんと戦略が立ってるんですネ！「シティロード」は前売券売り（なんというんでしたっけ？）関係の「コンサートガイド」が前身

でしたネ！　大阪が先でしたっけ？

「本の雑誌」創業者、目黒考二氏だったと記憶せしが、ＭＭが書店委託を開拓していたので、書店に話が通じやすかった、と。

パイオニアヅラしたいわけではなく（十分、してるって！）、ひるがえって、オイラはといえば……。

「本の雑誌」は今や大雑誌！

こんなグチめいたことを連ねて、すみません。

映画も、本も雑誌も、それ自体に幸福感がないと共感を呼びにくいはずですが、ヒトゴトのようなれど、大丈夫ですかね？

映画には二種類しかない、当たった映画とコケた映画、の〝名言〟は、東宝の大プロデューサー・藤本眞澄でしたかね。ミもフタもなけれど、さて本は？　拙著のウンメイは？

ワイズのご熱心な探索にただ、涙！

末代まで伝えたき大恩なれど、子もないから孫もなく、トーゼン曽孫もなく……。（お〜い、匿しヒマゴ、ツラ出せ！）

大恩は、墓場へ持ってまいりまする！


改めまして――！

ＭＭを全巻、保存して下さっていた鵜飼邦彦さま（フィルム編集者）、鈴村たけしさま（元ヨコハマ映画祭代表）――当方には一冊しかなく。

そして「観覧車」を保存して下さっていた喇嘛舎さま。

それを見つけて下さったワイズ出版の田中ひろこさま。

映画タイトル「私が棄てた女」（原作あり）ではないけれど、オイラが棄てた雑誌との再会に流涕あるのみ！　見出されし〝わが子〟に頬ずりし候！

許して！　ニン非ニンのパパを！


と、鈴木義昭氏著「ぼくらが好きだった昭和アクションスター列伝」（マイウェイムック、二〇二二年三月刊）にはＭＭ表紙が次々！

全31冊のうち三分の一が拾われていることに！（スチールが高騰し、その〝代用〟ではありましょうが、そう、ＭＭは不死鳥なのだった！）

「映画論叢」の丹野達弥さまは、ＭＭに不死鳥のきっかけを作って下さった。

四方八方十方に感謝、感謝であります！

ワイズ出版の岡田博社長のみたまよ、とわに！（二〇二一年八月二十七日他界）

望外の豪華本にして下さったワイズ出版の田中ひろこさま、阿部陽子さまのお力にはひたすら、ひたすら、叩頭するばかり！

二〇二二年五月

浦崎浩實

著者略歴◆
浦崎浩實（うらさき・ひろみ）
１９４４年、蓬莱の国・台北市生まれ。
敗戦で両親の故郷・石垣島へ！
１９６２年祖父母たちを頼って上京。
以後、東京にしがみつきおり！
著書◆
「歿　映画人忌辰抄」
「歿２　映画人墓参抄」
（共にワイズ出版）

ムービーマガジン 1975-1989
発行日◆２０２２年７月１日 第１刷
著者◆浦崎浩實
編集・ブックデザイン◆田中ひろこ
特別協力◆丹野達弥
協力◆鈴村たけし　鵜飼邦彦　阿部陽子
発行者◆吉田聰
発行所◆ワイズ出版
東京都新宿区西新宿 7-7-23-7F
tel　03-3369-9218
fax　03-3369-1436
mail　widespublishing@gmail.com
HP　http://www.wides-web.com
印刷・製本◆中央精版印刷株式会社